# Ingeniería

# y

# Arquitectura del Software

# 2ª Edición

ÁNGEL ARIAS

ALICIA DURANGO

# Tabla de contenido

iv

vi

xiii

xiv

# NOTAS DEL AUTOR

Esta publicación está destinada a proporcionar el material útil e informativo. Esta publicación no tiene la intención de conseguir que usted sea un maestro de las bases de datos, sino que consiga obtener un amplio conocimiento general de las bases de datos para que cuando tenga que tratar con estas, usted ya pueda conocer los conceptos y el funcionamiento de las mismas. No me hago responsable de los daños que puedan ocasionar el mal uso del código fuente y de la información que se muestra en este libro, siendo el único objetivo de este, la información y el estudio de las bases de datos en el ámbito informático. Antes de realizar ninguna prueba en un entorno real o de producción, realice las pertinentes pruebas en un entorno Beta o de prueba.

El autor y editor niegan específicamente toda responsabilidad por cualquier responsabilidad, pérdida, o riesgo, personal o de otra manera, en que se incurre como consecuencia, directa o indirectamente, del uso o aplicación de cualesquiera contenidos de este libro.

Todas y todos los nombres de productos mencionados en este libro son marcas comerciales de sus respectivos propietarios. Ninguno de estos propietarios ha patrocinado el presente libro.

Procure leer siempre toda la documentación proporcionada por los fabricantes de software usar sus propios códigos fuente. El autor y el editor no se hacen responsables de las reclamaciones realizadas por los fabricantes.

# INTRODUCCIÓN

Con la evolución de la tecnología cada vez más personas tienen acceso a un ordenador, ya sea en su casa, en la escuela, en el trabajo o en cualquier otro lugar. Los usuarios más curiosos pueden plantearse preguntas como: "¿cómo consiguen hacer esto? ", "¿cómo podría hacerlo o aprenderlo yo?", "¿cómo es un ordenador internamente?"

Muchos se han aventurado a buscar respuestas de sus auto-preguntas pero no siempre es fácil encontrar lo que se busca. En este libro, el lector tiene la oportunidad de entender cómo funciona esto.

El objetivo de este libro es servir como base a cualquiera que desee introducirse, o simplemente unirse, al maravilloso mundo de la programación, incluso si usted tiene pocos o ningún conocimiento sobre la materia.

Este libro también puede servir como una forma de enriquecimiento cultural sobre temas ya olvidados, ya que aborda aspectos de la arquitectura de los procesadores y ordenadores, los cálculos, la lógica y las matemáticas, hasta una breve historia de los lenguajes de programación y programación básica de algoritmos.

Este libro también está dirigido a aquellos que quieran participar en la actividad de la comunidad de producción de software libre pero que no han recibido capacitación técnica del género.

# LA PROGRAMACIÓN

## *Motivación*

En estos días, no saber cómo trabajar con un ordenador es considerado como un tipo de analfabetismo y el coste por no saber cómo usar un ordenador puede ser muy elevado.

Cuando usamos los equipos informáticos podemos hacer muchas cosas. Un adolescente puede utilizar Internet para enviar un mensaje, un estudiante puede usar una hoja de cálculo para realizar el cálculo de un promedio o la cantidad de puntos que necesita para aprobar cada materia, un cocinero puede guardar sus recetas en un editor de texto como Word, etc. De hecho, la cantidad de productos especializados es tan grande que si nos fijamos bien seguramente encontrará algún programa que haga algo muy parecido a lo que quiera realizar.

El problema es que a veces queremos hacer algo específico: queremos un programa para hacer algo que nos va a servir únicamente a nosotros o a nuestra empresa. En este caso, en lugar de comprar uno de los muchos programas que se ofertan en el mercado, desarrollaremos nuestro propio programa. Esto requiere el dominio de una nueva forma de trabajar con el equipo: la programación. Nuestro motivo puede ser un negocio, un proyecto de la escuela, un pasatiempo o simple curiosidad. Hoy en día, un programa se puede hacer de varias maneras. Puede, por ejemplo, modificar ligeramente el comportamiento de la aplicación a través de macros, como se realiza en programas como Microsoft Word. Usted puede hacer incluso modificaciones mayores a través de lenguajes integrados, como también se puede hacer en los programas de Microsoft Office, o incluso juegos de ordenador como Neverwinter Nights. También puede coger un programa de código abierto existente o software libre y modificarlo. O puede empezar de cero y realizar la programación de prácticamente todo, desde luego con la ayuda de las bibliotecas disponibles que son parte del trabajo.

Para programar usted tiene muchas opciones: paquetes que se pueden extender con macros o lenguajes integrados, entornos de programación point-and-click, lenguajes más fáciles de aprender y lenguajes más difíciles, pero con gran poder o características apropiadas para sistemas grandes. En cualquier caso, el objetivo detrás de todo esto es el mismo: programar es dar órdenes a un ordenador, mostrar cómo este debe reaccionar ante el usuario y cómo debe procesar los datos disponibles.

Prácticamente no hay límites a lo que se puede hacer con un ordenador. Los ordenadores ayudan a la gente a hablar, existen aparatos de control, envío de información, entre otros aspectos. Aún algo más difícil, cómo simular una emoción o inteligencia, se estudia con diligencia en todo el mundo. Algunos de los problemas son muy grandes y requieren la construcción de un gran equipo. Otros son tan simples que podemos resolverlos en equipos normales. La noción del tamaño de un problema también cambia con el tiempo: así el chip que se utilizaba en los ordenadores personales en el año 1988, el w:Z80 , ahora se utiliza en dispositivos como faxes.

Hoy en día es difícil imaginar un área de actividad humana en la que el uso de los ordenadores no sea deseable. Así, el dominio de la programación es dictada sustancialmente por la imaginación y la creatividad. Podemos decir que la gran ventaja de saber programar es la capacidad de crear lo que se quiera cuando se quiera. No sólo para los PC sino también para los teléfonos móviles, PDAs y otros. Por supuesto, requiere un poco de esfuerzo pero para muchos este esfuerzo es en realidad un reto cuya recompensa es ver su idea convertida en realidad.

## *Programación*

Probablemente ya ha escuchado la palabra programación, conoce su significado, pero probablemente no sea consciente de lo que hace, cómo se hace y quién lo hace. La programación es fácil y divertida, la dificultad para la mayoría de los principiantes es comenzar a entender cómo funciona un ordenador.

Bueno, un ordenador puede entenderse de varias maneras. Dentro de ellos están las señales electrónicas. Los humanos que los diseñan generalmente piensan en estas señales como "1" y "0". En un momento, empezamos a pensar en algo que se conoce como lenguaje de máquina, es decir, secuencias de "1" y "0", normalmente escritos como números enteros, que indican un cierto comportamiento, tales como la suma de dos números. Para hacerlo más fácil aún, este lenguaje máquina está normalmente transcrito por el lenguaje ensamblador o de montaje que describe las acciones que una computadora puede hacer a través de w: mnemotécnicos como ADD y MOV. Sin embargo, desde hace algún tiempo nosotros hacemos funcionar un ordenador a través de programas escritos en lenguajes de programación que tratan de hacer la tarea de explicar lo que el equipo tiene que hacer más fácil a los seres humanos, si bien, debido a la alta especialización del lenguaje, sólo unos pocos de ellos lo entienden. Todos los lenguajes de programación tienen esencialmente el mismo propósito que es permitir al programador dar instrucciones a la máquina.

En nuestro mundo cotidiano la comunicación se hace de una manera natural y rara vez somos conscientes de las reglas que aplicamos en nuestro idioma. El objetivo de aprender un lenguaje de programación es exactamente el mismo: la aplicación de normas llegando a estar tan arraigadas en nuestra mente que se realice de forma inconsciente (abstraer). Un buen programador entiende los "entresijos" de la lengua que utiliza e incluso puede ver la belleza o la fealdad de un código, de la misma forma que a veces un texto nos gusta no por su contenido sino por la forma en que fue escrito.

Los lenguajes se crean con dos objetivos: lenguajes de propósito general, que sirven para hacer cualquier cosa, y lenguajes de uso específico. Si quiere hacer un programa que se ocupe de problemas estadísticos, probablemente lenguajes como "R", que es un lenguaje creado específicamente para este uso, sean el más adecuado. Si usted desea hacer un programa para calcular la nómina de una empresa, probablemente lenguajes como COBOL, C, C + + o Java, que son lenguajes de uso general, serán los adecuados.

### Un programa informático

Un programa de un ordenador es como una receta de cocina: es una secuencia de pasos que se deben realizar. Si los equipos cocinaran en lugar de procesar los datos, un programa típico podría ser:

*PROGRAMA FREIR_HUEVO*

*RESERVAR HUEVO, PAN, SAL, MANTEQUILLA;*

*USAR COCINA;*

*COLOCAR SARTEN EN COCINA;*

*PONER LA MANTEQUILLA EN LA SARTÉN;*

*ENCENDER COCINA;*

*ESPERAR A QUE LA MANTEQUILLA SE CALIENTE;*

*ROMPER EL HUEVO;*

*DERRAMAR EL HUEVO EN LA SARTEN;*

*PONER SAL EN EL HUEVO;*

*ESPERAR A QUE EL HUEVO SE FRÍA;*

*APAGAR COCINA;*

*SERVIR EL HUEVO;*

*FIN PROGRAMA*

Sin embargo, los programas de ordenador trabajan con datos y un programa real típico sería (usando Python)

*def sumar (num1, num2):*

*return num1 + num2*

Este programa (o, más bien, esta función) devuelve la suma de dos números.

## *Estructura interna de un ordenador*

Un equipo mínimo consta de tres unidades básicas:

- Procesador , como el nombre implica, es el componente principal del procesamiento;

- Memoria , que mantiene datos y programas;

- Los dispositivos de entrada y salida ( Input / Output ), tales como el teclado, el monitor o la impresora.

- En un ordenador personal, estos componentes se colocan normalmente en una placa base.

Es importante tener en cuenta que los dispositivos llamados de memoria secundaria se comunican con la parte principal del ordenador a través de dispositivos de entrada y salida. Por lo tanto, una unidad de disco duro sólo se puede utilizar si está conectado a la placa base a través de una interfaz (SCSI o SATA, por ejemplo).

Por lo general, representamos un ordenador de manera abstracta mediante un diagrama muy simple que muestra una unidad de procesamiento capaz de utilizar los datos que proceden o deben ser almacenados tanto en la memoria como en dispositivos de entrada y salida:

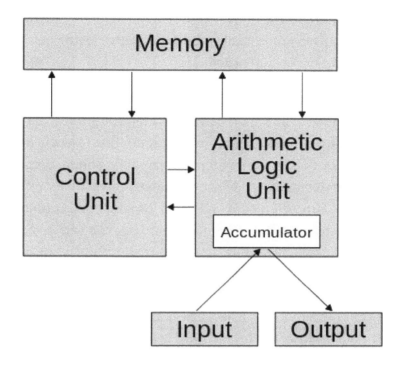

Figura 1: Esquema de un ordenador genérico

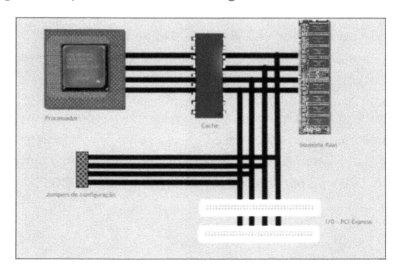

Figura 2: Esquema de una placa genérica

Antes de intentar averiguar qué sistema es el representado en las imágenes, vamos a explicarlo para que el lector comprenda mejor como funciona un ordenador.

El esquema tiene dos dispositivos de entrada (PCI Express - aquellos en los que ponemos nuestra tarjeta gráfica, tarjeta de red o tarjeta de sonido ...), cuatro pistas de transferencia de datos (son muchas más en un ordenador actual), donde circulan los datos, probablemente codificados, de las entradas dirigidas a la central de procesamiento (CPU o procesador). Entonces los millones de transistores existentes dentro de esa caja, procesarán y crearán nuevos datos que serán distribuidos por la red interna del PC, de acuerdo con la clasificación presentada en los datos de entrada. El procesador puede almacenar datos en la memoria RAM y la memoria caché. Los datos menos usados serán almacenados en la memoria RAM y para los datos de acceso frecuente se usará la caché. Los Jumpers controlan, además de la velocidad de procesamiento, qué tipo de entradas pueden generar datos, entre otras cosas. El mismo proceso ocurre con los datos que se devuelven al dispositivo de E / S . Et voilà, he aquí una explicación muy, muy resumida de toda la teoría de procesamiento de un ordenador.

Ampliando un poco más, los dispositivos periféricos, como impresoras y escáneres, acceden también al procesador. Actualmente los dispositivos no están controlados por la CPU sino por una memoria EEPROM llamada BIOS .

## Procesamiento de datos

El procesador es una unidad central del sistema informático, llamada CPU (Unidad Central de Procesamiento). Su función es interpretar y ejecutar instrucciones.

La unidad de medida de la velocidad de un procesador es Hz (hercios). El Hertz es la unidad de medición de frecuencia, que en física se define como el número de ciclos que se producen por unidad de tiempo - la frecuencia de un reloj es 1/3600 Hz, es decir, se tarda 1 hora en dar una vuelta completa. En la mayoría de los ordenadores modernos, la velocidad media es de 1 GHz, o mil millones de ciclos de reloj por segundo, o 1000000000 hertz o, análogamente, mil millones de vueltas en un reloj en 1 segundo. En nuestro ejemplo, 01 hertz puede llevar por lo menos 01 bits (1 información), para entenderlo 1 bit (1 Hz) puede ser comparado con 1 letra de este texto, con lo que los ordenadores que funcionan con 2 mil millones de "letras" por segundo ( 02 GHz) pueden leer un libro más rápido que otro que sólo puede leer mil millones de "letras" (01 GHz).

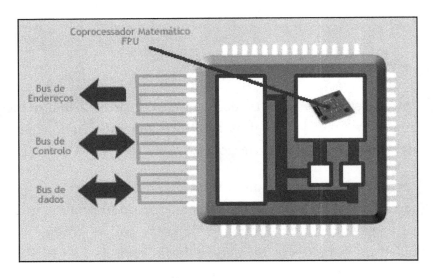

Figura 2 - Esquema de un procesador genérico

El procesador está compuesto por millones de transistores, cada uno de los cuales procesa un bit a la vez, es decir, muestra el estado 1 o el estado 0. Esta diversidad de posibles secuencias crea una gama infinita de instrucciones. De hecho las limitaciones encontradas en la creación de software no son vistas por la CPU, sino por la estructura de la máquina. El procesador, teóricamente, en términos de procesamiento de datos es ilimitado, es decir, no hay límites de procesamiento.

A veces se necesitan varias operaciones matemáticas complejas. Existe, dentro de la CPU, una pequeña sección llamada coprocesador matemático FPU encargada de eso. Pero el procesador no puede existir aisladamente necesita ser conectado por "algo": los BUS del procesador son los "caminos" a través de los cuales la información se transmite a los dispositivos y viceversa. Cuanto mayor es el número de buses la transferencia se produce más rápidamente. Hay varias tecnologías y protocolos utilizados en el BUS.

# LÓGICA DE PROGRAMACIÓN

Lógica de Programación es la técnica para desarrollar algoritmos (secuencias lógicas) para alcanzar ciertos objetivos dentro de ciertas reglas basadas en la lógica matemática y otras teorías básicas de la ciencia de la computación y que luego se adaptan al lenguaje de programación utilizado por el programador para construir su software.

Un algoritmo es una secuencia no ambigua de instrucciones que se ejecuta hasta que se cumpla cierta condición. Más específicamente, en matemáticas, es el conjunto de procesos (y los símbolos que los representan) para realizar un cálculo.

El concepto de algoritmo se ilustra a menudo con el ejemplo de una receta, aunque muchos algoritmos son más complejos. Pueden repetir los pasos (iterar) o requerir decisiones (tales como comparación o lógica) hasta que se complete la tarea. Un algoritmo correctamente ejecutado no va a resolver un problema si no se implemente correctamente o si no es apropiado para el problema.

Un algoritmo no representa necesariamente un programa de ordenador sino los pasos necesarios para realizar una tarea. Su aplicación puede llevarse a cabo por un ordenador u otro tipo de robot, incluso por un ser humano. Diferentes algoritmos pueden realizar la misma tarea utilizando un conjunto diferente de instrucciones en menos o más tiempo, espacio o esfuerzo que otros. Esta diferencia puede reflejar la complejidad computacional aplicada, que depende de la estructura de datos adecuada al algoritmo. Por ejemplo, un algoritmo para vestirse puede especificar que se vista en primer lugar por los calcetines y los zapatos después de ponerse los pantalones mientras otro algoritmo puede especificar que usted debe ponerse primero los zapatos y luego los calcetines y los pantalones. Claramente, el primer algoritmo es más fácil de realizar que el segundo a pesar de que tanto uno como otro conduce al mismo resultado.

El concepto de algoritmo se formalizó en 1936 por la Machine Turing de Alan Turing y por el cálculo lambda de Alonzo Church, que formaron las primeras bases de la informática.

## *Formalismo*

Un programa de ordenador es esencialmente un algoritmo que le dice al ordenador los pasos específicos y en qué orden deben ser ejecutados, por ejemplo, los pasos a ser seguidos para calcular las notas que se imprimirán en los boletines de los estudiantes de una escuela. Por lo tanto, el algoritmo se puede considerar una secuencia de operaciones que pueden ser simuladas por una máquina de Turing completa.

Cuando uno de los procedimientos de un algoritmo implican el procesamiento de datos, la información se lee desde una fuente de entrada, es procesada y se devuelve un nuevo valor después del procesamiento, que se realiza generalmente con la ayuda de una o más estructuras de datos.

Para cualquier proceso computacional teórico, el algoritmo debe ser rigurosamente definido, especificando la forma en que se comportará en todas las circunstancias. La corrección del algoritmo se puede demostrar matemáticamente, como la cantidad asintótica del tiempo y el espacio (complejidad) que se requieren para su ejecución. Estos aspectos del algoritmo están dirigidos por el análisis de algoritmos. Las implementaciones, sin embargo, pueden estar limitadas a casos concretos.

La forma más sencilla de pensar en un algoritmo es una lista de procedimientos bien definidos, en los que se ejecutan las instrucciones paso a paso desde el principio de la lista, es una idea que se puede ver fácilmente a través de un diagrama de flujo. Tal formalización adopta las premisas de la de programación imperativa, que es una forma mecánica para visualizar y desarrollar un algoritmo. Concepciones alternativas para algoritmos varían en la programación funcional y programación lógica.

## Definición de algoritmo

Algunos autores restringen la definición de algoritmo para procedimientos que eventualmente terminan. Minsky constató que si el tamaño de un procedimiento no se conoce de antemano, tratar de descubrirlo es un problema indecible ya que el procedimiento puede ser ejecutado hasta el infinito porque nunca se tendrá la respuesta. Alan Turing demostró en 1936 que no hay ninguna máquina de Turing para llevar a cabo este análisis para todos los casos, por lo que no hay algoritmo para realizar tal tarea para todos los casos. Esta condición se conoce ahora como el problema de la parada. Básicamente, esto significa que no existe un programa informático que puede predecir si otro programa del ordenador se detendrá algún día.

Para algoritmos infinitos el suceso no se puede determinar mediante la interpretación de la respuesta y si por las condiciones impuestas por el desarrollador del algoritmo durante su ejecución. Por ejemplo, podemos querer un algoritmo infinito para controlar una señal de tráfico.

## Implementación

La mayoría de los algoritmos están diseñados para ser implementados en un programa de ordenador. Sin embargo, también pueden ser implementados de otros modos, tales como una red neuronal biológica (tales como en el cerebro cuando realizamos operaciones aritméticas) en circuitos eléctricos o incluso dispositivos mecánicos.

Para los programas de ordenador hay una amplia variedad de lenguajes de programación, cada una con características específicas que pueden facilitar la puesta en práctica de ciertos algoritmos o servir para fines más generales.

## Análisis de algoritmos

El análisis de algoritmos es una rama de la informática que estudia las técnicas de diseño de algoritmos y los algoritmos de forma abstracta, sin estar implementados en un lenguaje de programación en particular o implementados de alguna otra manera. El análisis de algoritmos se ocupa de los medios necesarios para los recursos de ejecución del algoritmo, como el tiempo de ejecución y el espacio de almacenamiento de datos. Debe ser notado que para un algoritmo dado puede haber diferentes cantidades de recursos asignados en conformidad con los parámetros de entrada pasados. Por ejemplo, si definimos que el factorial de un número natural es igual al factorial de su predecesor multiplicado por el número en sí, está claro que la aplicación del factorial (10) consume más tiempo que la ejecución del factorial (5).

Una forma de mostrar un algoritmo para analizarlo es a través de su implementación por un pseudocódigo estructurado. El ejemplo siguiente es un algoritmo que devuelve (salida) la suma de dos valores (también conocidos como parámetros o argumentos, valores de entrada) que se introducen en la llamada a la función:

*SumaDeDosValores función (A numérico, B numérico)*

*comienzo*

  *declarar SUMA numérico*

  *SUMA <- A + B*

  *devolver (SUMA)*

*final*

## Clasificación

### Clasificación por implementación

Los algoritmos se pueden clasificar por la forma en la que fueron implementados:

- **Recursivo o iterativo** - un algoritmo recursivo tiene la función de invocarse a sí mismo varias veces hasta que una cierta condición se satisface y se termina, lo que es un método común en la programación funcional. Los algoritmos iterativos utilizan estructuras repetitivas tales como bucles o estructuras de datos adicionales como las pilas, para resolver problemas. Cada algoritmo iterativo tiene un algoritmo recursivo similar y viceversa, pero puede tener más o menos complejidad en su construcción. Es posible construir algoritmos que sean a la vez iterativos y recursivos probablemente para aprovechar alguna optimización de tiempo o espacio que eso permita.

- **Lógico** - un algoritmo puede ser visto como una deducción lógica controlada. El componente lógico expresa los axiomas utilizados en el cálculo y el componente de control determina la forma en que se aplica la deducción a los axiomas. Este concepto es la base para la programación lógica.

- **Serie o paralelo** – los algoritmos se asumen generalmente para ser ejecutados instrucción por instrucción individualmente, como una lista de reproducción, lo que constituye un algoritmo en serie. Este concepto es la base de la programación imperativa. Por otro lado, hay algoritmos ejecutados en paralelo, que tienen en cuenta arquitecturas de ordenadores con más de un procesador para ejecutar más de una instrucción a la vez. Tales algoritmos dividen el problema en sub-problemas y lo delegan al número de procesadores disponibles, reuniendo al final el resultado de los sub-problemas en un resultado final o algoritmo. Este concepto es la base para la programación en paralelo. En términos generales, los algoritmos iterativos son paralelizables, por otro lado hay algoritmos que no son paralelizables, llamados problemas inherentemente seriales.

- **Deterministas o no deterministas** - algoritmos deterministas resuelven el problema con una decisión exacta a cada paso mientras que los algoritmos no deterministas resuelven el problema al deducir los mejores pasos a través de estimaciones de forma heurística.

- **Exacta o aproximada** - mientras que algunos algoritmos encuentran una respuesta exacta, los algoritmos de aproximación buscan una respuesta aproximada a la solución real, ya sea a través de la estrategia determinista o aleatoria. Poseen aplicaciones prácticas sobre todo para problemas muy complejos, donde una respuesta correcta es inviable debido a su complejidad computacional.

## *Clasificación por metodología*

Los algoritmos se pueden clasificar por la metodología o paradigma de su desarrollo, tales como:

- **Divide y vencerás** – los algoritmos de división reducen repetidamente el problema en sub-problemas, a menudo de forma recursiva, hasta que el sub-problema es lo suficientemente pequeño para ser resuelto. Un ejemplo práctico es el algoritmo de ordenación. Una variante de esta metodología es la reducción y conquista, que resuelve un sub-problema y utiliza la solución para resolver un problema más grande. Un ejemplo práctico es el algoritmo de búsqueda binaria.

- **La programación dinámica** – puede utilizar la programación dinámica para evitar la re-solución de un problema que se ha resuelto previamente.

- **Algoritmo voraz** - un algoritmo voraz es similar a la programación dinámica pero se diferencia en que las soluciones de los sub-problemas no necesitan ser conocidas en cada paso, una elección de este tipo se puede hacer en cada momento con lo que hasta ese momento parece ser lo más adecuado.

## *La programación lineal*

- **Reducción** - la reducción resuelve el problema mediante su transformación en otro problema. También se le llama de transformación o conquista.

- **Búsqueda y enumeración** - muchos problemas se pueden modelar mediante gráficos. Un algoritmo de exploración gráfica se puede utilizar para caminar alrededor de la estructura y devolver información útil para la resolución de problemas. Esta categoría incluye los algoritmos de búsqueda y backtracking.

- **Modelo heurístico y probabilístico** – los algoritmos probabilísticos realizan elecciones al azar. Los algoritmos heurísticos tratan de encontrar una solución por ciclos de mutaciones evolutivas entre generaciones de pasos, tendiendo a la solución exacta del problema. Los algoritmos heurísticos encuentran una solución aproximada al problema.

## *Clasificación por campo de estudio*

Cada campo de la ciencia tiene sus propios problemas y sus algoritmos apropiados para resolverlos. Ejemplos clásicos son los algoritmos de búsqueda, clasificación, análisis numérico, teoría de gráficos, la manipulación de cadenas, la geometría computacional, optimización combinatoria, aprendizaje automático, criptografía, compresión de datos y la interpretación de texto.

## *Clasificación por complejidad*

Algunos algoritmos se ejecutan en tiempo lineal, de acuerdo a la entrada, mientras que otros se ejecutan en tiempo exponencial o incluso nunca terminan de ser ejecutados. Algunos problemas tienen múltiples algoritmos para su solución, mientras que otros no tienen algoritmos de resolución.

## UN APUNTE HISTÓRICO

El programador más antiguo del que se tiene noticia es Ada Lovelace, quien describió el funcionamiento de la máquina analítica de Babbage Charles, que nunca fue terminada. El primer programador que completó todos los pasos en informática, incluyendo la compilación y las pruebas, fue Wallace Eckert. Él utilizó el lenguaje matemático para resolver problemas astronómicos en la década de 1930. Alan Turing desarrolló y programó un ordenador diseñado para romper el código alemán Enigma durante la Segunda Guerra Mundial.

# Lógica

## Lógica binaria

La lógica binaria u operación bit a bit es la base de todo el cálculo computacional. De hecho, éstas son las operaciones más básicas que constituyen toda la potencia de los ordenadores. Toda operación, por compleja que pueda parecer, se traduce internamente por el procesador a estas operaciones.

## Operaciones

### NOT

El operador NOT o negación binaria supone lo opuesto del operando, es decir, un operando será '1' si el operando es '0', y será '0' en caso contrario, según podemos confirmar con la tabla de verdad:

| A | ¬A |
|---|---|
| 1 | 0 |
| 0 | 1 |

Implementación:

Si esto NOT aquello

## AND

El operador binario AND o conjunción binaria devuelve un bit 1 cuando ambos operandos son '1 ', como se puede confirmar en la tabla de verdad:

| A | B | A $\wedge$ B |
|---|---|---|
| 1 | 1 | 1 |
| 1 | 0 | 0 |
| 0 | 1 | 0 |
| 0 | 0 | 0 |

Implementación:

Si esto AND aquello, hacer asi


## OR

El operador binario OR o disyunción binaria devuelve un bit 1 cuando al menos un operando es '1', como se puede confirmar en la tabla de verdad:

| A | B | A ∨ B |
|---|---|---|
| 1 | 1 | 1 |
| 1 | 0 | 1 |
| 0 | 1 | 1 |
| 0 | 0 | 0 |

Implementación:

Si esto OR aquello, hacer asi

## XOR

El operador binario XOR o disyunción binaria exclusiva devuelve un bit 1 si sólo un operando es '1 ', como se puede confirmar en la tabla de verdad:

| A | B | ∨ A ∨ B |
|---|---|---|
| 1 | 1 | 0 |
| 1 | 0 | 1 |
| 0 | 1 | 1 |

|   |   |   |
|---|---|---|
| **0** | 0 | 0 |

Implementación:

Esto XOR aquello, hacer asi

## Shift

El operador bits shifting o desplazamiento bit-a-bit, equivale a la multiplicación o división por 2 del operando que, a diferencia de los casos anteriores, es un grupo de bits, y consiste en el desplazamiento hacia la izquierda o la derecha del grupo de bits. El bit introducido es siempre 0 y el bit eliminado puede ser usado opcionalmente (flag CF de los registros del procesador).

(101 011 (43) >> 1) = 010,101 [1]

(101 011 (43) << 1) = [1] 010 110

# APRENDIZAJE

## Cómo aprender

Se requiere mucha persistencia para aprender a programar. Para ello necesitamos un poco de tiempo y dedicación al lenguaje. Trate de planificar los estudios y fijar el día, como por ejemplo, estableciendo 1 hora por día los martes, jueves y sábados. Le sugiero que empiece por el estudio de un lenguaje sencillo y directo, y a medida que vaya conociendo nuevas normas de programación, evolucionar a otros lenguajes. Algunos programadores dicen que cualquier desarrollador en la cima de su carrera debe conocer profundamente los lenguajes definidos como los más prestigiosos, como el lenguaje C, C++ y ensamblador. Una posible secuencia lógica de aprendizaje sería:

| | | |
|---|---|---|
| **Paso 1** | Perl, Python, Shell Script, ... | El conocimiento de la lógica de programación, la resolución de algoritmos sencillos |
| **Paso 2** | PHP, JavaScript, Pascal, ... | Solución de problemas con más de un resultado; Algunos de programación orientada a objetos |
| **Paso 3** | Lenguaje C, C + +, ... | Resolución de problemas complejos y desarrollo de programas GUI, Programación total con objetos y clases |
| **Paso 4** | Ensamblador | Conocimiento total de procesamiento, programación compleja sin dificultades |

Como podemos ver, aprender a programar lleva tiempo, hay quien dice que es difícil y los hay que dicen que es divertido. Procure ser creativo mientras escribe los algoritmos, utilice los nuevos conceptos aprendidos y no tenga miedo a probar nuevas ideas.

### "La opción por defecto"

El "estándar vigente" es algo que existe empíricamente en un programador, cuando se tiene la intención de estudiar un nuevo idioma. Pero ¿cuál es el estándar vigente?

Cuando se quiere estudiar un lenguaje, no se puede esperar que leyendo un libro en particular o asistiendo a un curso en concreto lo aprendamos perfectamente. La verdad es que no necesitamos un libro para aprender a programar bien y, para algunos, el curso es sólo una pérdida de tiempo. La gran mayoría de los libros sirven como una ayuda para el estudio y no como una base de apoyo para el estudio. Por lo tanto, lo que la mayoría de los programadores hacen para aprender un nuevo lenguaje es:

1. El estudio de la sintaxis del lenguaje a través de un libro o manual.

2. La comprensión de las diferencias de este con los demás lenguajes que ya saben - Esto es muy importante!

3. Hacer algo que realmente le hará un buen programador: Leer código ya hecho.

4. Comience a escribir sus propios programas.

Es necesario tener en cuenta estos pasos que son esenciales. así que si usted no sabe una función particular, siempre puede ir a verla en el manual. Sin embargo, no se aferre al libro, ya que no conduce a nada.

Esta norma es efectiva porque, un principiante, puede aprender un idioma en poco más de 5 o 6 meses. Un programador con experiencia sólo necesita una o dos semanas para aprender un nuevo lenguaje.

Después de aprender ese lenguaje, inscríbase en uno de los cientos de listas existentes en Internet y aumente sus conocimientos ayudando a otros a crear programas de código abierto. Tenga en cuenta que si usted sigue estas reglas va a aprender a ser un buen programador.

# ALGORITMOS

Un algoritmo es un esquema para la solución de un problema. Puede ser aplicado con cualquier secuencia de valores u objetos que tienen una lógica infinita (por ejemplo, el idioma Inglés, Pascal, C, una secuencia numérica, un conjunto de objetos como el lápiz y la goma de borrar), o cualquier cosa que pueda proporcionar una secuencia lógica. A continuación podemos apreciar un algoritmo implementado en un diagrama de flujo sobre el estado de una lámpara:

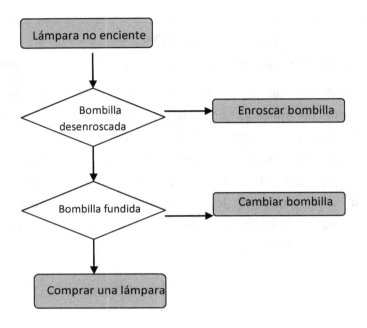

Figura 3 - un diagrama de flujo

Siguiendo el razonamiento anterior ¿un programa de ordenador es un algoritmo? Sí, es cierto. Aunque tenemos que usar el algoritmo anterior en nuestro lenguaje (como se muestra en la imagen de arriba) para escribir una lógica de programa, el programa en sí mismo que proviene de este algoritmo ya es un algoritmo. Incluso un esquema mental es un algoritmo.

OK, ya sabemos lo que es un algoritmo. Pero, ¿por qué es importante para el estudio de la programación?

La verdad es que antes de que podamos escribir un programa en cualquier lenguaje necesitamos escribir un esbozo en papel para evitar errores, de acuerdo con el programa que queremos hacer. Con esta lógica, no olvidaremos lo que queremos dar al programa y será menos probable que aparezcan errores. Por ejemplo:

*En lenguaje humano:*

*"Si eso es cierto, sucede esto, sino pasa aquello"*

*En lenguaje de máquina:*

*IF eso; THEN esto; ELSE aquello;*

Como se puede ver, un algoritmo puede escribirse de distintas formas, de arriba a abajo, de izquierda a derecha, en diagonal, árabe, ruso... lo único necesario es escribirlo!

## *Fundamentos*

Una máquina de computación es cualquier máquina (por lo general de origen electrónico) con capacidad para recibir datos, realizar operaciones con esos datos y devolver los datos procesados por estas operaciones.

| Entrada de datos | Tratamiento | Salida de datos |
|---|---|---|

Las máquinas de computación electrónicas en general, tienen dos componentes básicos: software y hardware.

Llamamos Hardware a parte física y software a los programas que tratan los datos introducidos.

Cuando introducimos algunos datos en un ordenador, los datos introducidos se transforman en señales eléctricas (llamadas bits). El bit (Inglés binary digit ) son los dos estados (encendido o apagado) que la señal eléctrica puede asumir. Para trabajar con estos datos, podemos asociar estos estados por intervalos de 0 y 1. Cuando se utiliza un ordenador, hay un flujo de señales eléctricas que representan los datos introducidos, procesados y devueltos. Un conjunto de ocho bits forman un byte que es una unidad completa de información.

Dentro del byte, el estado de cada uno de ocho bits, así como su posición relativa entre sí, hace que el byte tenga un valor específico (no necesariamente numérico) que sirve para estructurar en relación con otro y crear un sistema de datos que sirve al usuario externo.

Para poder organizar las posibilidades de variaciones de estos bits dentro de un byte, podemos ver una tabla ASCII:

| Binario | Dec | Hex | Representación |
|---------|-----|-----|----------------|
| 0010 0000 | 32 | 20 | espacio ( ) |
| 0010 0001 | 33 | 21 | ! |
| 0010 0010 | 34 | 22 | " |
| 0010 0011 | 35 | 23 | # |

| 0010 0100 | 36 | 24 | $ |
|-----------|----|----|----|
| 0010 0101 | 37 | 25 | % |
| 0010 0110 | 38 | 26 | & |
| 0010 0111 | 39 | 27 | ' |
| 0010 1000 | 40 | 28 | ( |
| 0010 1001 | 41 | 29 | ) |
| 0010 1010 | 42 | 2A | * |
| 0010 1011 | 43 | 2B | + |
| 0010 1100 | 44 | 2C | , |
| 0010 1101 | 45 | 2D | - |
| 0010 1110 | 46 | 2E | . |
| 0010 1111 | 47 | 2F | / |
| 0011 0000 | 48 | 30 | 0 |

| | | | |
|---|---|---|---|
| 0011 0001 | 49 | 31 | 1 |
| 0011 0010 | 50 | 32 | 2 |
| 0011 0011 | 51 | 33 | 3 |
| 0011 0100 | 52 | 34 | 4 |
| 0011 0101 | 53 | 35 | 5 |
| 0011 0110 | 54 | 36 | 6 |
| 0011 0111 | 55 | 37 | 7 |
| 0011 1000 | 56 | 38 | 8 |
| 0011 1001 | 57 | 39 | 9 |
| 0011 1010 | 58 | 3A | : |
| 0011 1011 | 59 | 3B | ; |
| 0011 1100 | 60 | 3C | < |
| 0011 1101 | 61 | 3D | = |

| 0011 1110 | 62 | 3E | > |
|-----------|----|----|---|
| 0011 1111 | 63 | 3F | ? |

| Binario | Dec | Hex | Representación |
|---------|-----|-----|----------------|
| 0100 0000 | 64 | 40 | @ |
| 0100 0001 | 65 | 41 | A |
| 0100 0010 | 66 | 42 | B |
| 0100 0011 | 67 | 43 | C |
| 0100 0100 | 68 | 44 | D |
| 0100 0101 | 69 | 45 | E |
| 0100 0110 | 70 | 46 | F |
| 0100 0111 | 71 | 47 | G |
| 0100 1000 | 72 | 48 | H |

| | | | |
|---|---|---|---|
| 0100 1001 | 73 | 49 | I |
| 0100 1010 | 74 | 4A | J |
| 0100 1011 | 75 | 4B | K |
| 0100 1100 | 76 | 4C | L |
| 0100 1101 | 77 | 4D | M |
| 0100 1110 | 78 | 4E | N |
| 0100 1111 | 79 | 4F | O |
| 0101 0000 | 80 | 50 | P |
| 0101 0001 | 81 | 51 | Q |
| 0101 0010 | 82 | 52 | R |
| 0101 0011 | 83 | 53 | S |
| 0101 0100 | 84 | 54 | T |
| 0101 0101 | 85 | 55 | U |

| Binario | Dec | Hex | Representación |
|---------|-----|-----|----------------|
| 0101 0110 | 86 | 56 | V |
| 0101 0111 | 87 | 57 | W |
| 0101 1000 | 88 | 58 | X |
| 0101 1001 | 89 | 59 | Y |
| 0101 1010 | 90 | 5A | Z |
| 0101 1011 | 91 | 5B | [ |
| 0101 1100 | 92 | 5C | \ |
| 0101 1101 | 93 | 5D | ] |
| 0101 1110 | 94 | 5E | ^ |
| 0101 1111 | 95 | 5F | _ |

| Binario | Dec | Hex | Representación |
|---------|-----|-----|----------------|
| 0110 0000 | 96 | 60 | ` |

| 0110 0001 | 97 | 61 | a |
|-----------|-----|----|---|
| 0110 0010 | 98 | 62 | b |
| 0110 0011 | 99 | 63 | c |
| 0110 0100 | 100 | 64 | d |
| 0110 0101 | 101 | 65 | e |
| 0110 0110 | 102 | 66 | f |
| 0110 0111 | 103 | 67 | g |
| 0110 1000 | 104 | 68 | h |
| 0110 1001 | 105 | 69 | i |
| 0110 1010 | 106 | 6A | j |
| 0110 1011 | 107 | 6B | k |
| 0110 1100 | 108 | 6C | l |
| 0110 1101 | 109 | 6D | m |

| 0110 1110 | 110 | 6E | n |
|-----------|-----|----|---|
| 0110 1111 | 111 | 6F | o |
| 0111 0000 | 112 | 70 | p |
| 0111 0001 | 113 | 71 | q |
| 0111 0010 | 114 | 72 | r |
| 0111 0011 | 115 | 73 | s |
| 0111 0100 | 116 | 74 | t |
| 0111 0101 | 117 | 75 | u |
| 0111 0110 | 118 | 76 | v |
| 0111 0111 | 119 | 77 | w |
| 0111 1000 | 120 | 78 | x |
| 0111 1001 | 121 | 79 | y |
| 0111 1010 | 122 | 7A | z |

| | | | |
|---|---|---|---|
| 0111 1011 | 123 | 7B | { |
| 0111 1100 | 124 | 7C | \| |
| 0111 1101 | 125 | 7D | } |
| 0111 1110 | 126 | 7E | ~ |

## *Lógica de programación*

Lógicamente se vuelve laborioso trabajar con los datos de un ordenador bit a bit. Como una manera de manejar este flujo de estados eléctricos y estructurarlo para que las operaciones sean más simples y estén más optimizadas, surgió el concepto de programación. Los lenguajes de programación son por lo general de dos niveles:

- **Lenguajes de bajo nivel**: son lenguajes de programación que manejan información en lenguaje máquina.

- **Lenguajes de alto nivel**: lenguajes de programación que se modelan casi como el lenguaje humano común, que cuando se compilan se traducen a lenguaje de máquina. Cada tipo de lenguaje tiene su propia sintaxis, que debe ser respetada y aprendida correctamente para que pueda ser procesada por el compilador. El compilador es un programa que permite que cierta programación en un lenguaje específico se adapte al lenguaje máquina.

Sin embargo, no es necesario que un programador aprenda todos los lenguajes disponibles. Se recomienda usar cada lenguaje para ciertas aplicaciones, así como por su propia sintaxis, pero todos están estructurados lógicamente. Con la programación lógica el alumno comprenderá los conceptos básicos de la programación y, con mayor o menor dificultad, dependiendo del lenguaje elegido, aprenderá el lenguaje que desee.

## *Algoritmo*

Los lenguajes de programación tratan los datos de un ordenador a través del uso de algoritmos. Un algoritmo es una estructura paso a paso de cómo un problema dado debe ser resuelto de una manera no ambigua. Por lo tanto, para realizar esta estructura es necesario el uso de herramientas y las operaciones derivadas de la lógica, sobre todo de la lógica matemática .

Antes de la programación estructurada de forma lógica debemos saber qué tipo de problema se ha propuesto, la información que será introducida y los pasos que se realizarán para llegar a un fin específico. Por ejemplo, vamos a ver un "algoritmo" con los pasos a seguir para "ducharse":

- Sacar la ropa.

- Abrir el grifo.

- Enjabonarse.

- Des-enjabonarse el cuerpo.

- Aplicar champú en el pelo.

- Aclarar el pelo.

- Cerrar el grifo.

Hemos visto un problema propuesto (ducharse) y los pasos para resolver el problema. Por supuesto, hay otras formas de estructurar este algoritmo para lograr el mismo fin. Sin embargo, es importante estructurarlo de una manera coherente, eficaz y simple, o como muchos dicen de "forma elegante". Nosotros veremos en la siguiente lección que podemos diseñar este algoritmo y aplicar conocimientos lógicos que nos permitan manipular la información necesaria.

En el ejemplo que se muestra a continuación, utilizar el teléfono público, vemos condiciones para la toma de decisiones.

1. Retire el auricular;

2. Coloque la tarjeta telefónica;

3. Espere el tono de marcación;

4. Con un tono de llamada, marque el número deseado;

5. Si da señal de ocupado, hacer:

6. Cuelgue el teléfono y vuelva al paso 1;

7. Si da señal de llamada, hacer:

8. Espere que contesten;

9. Hable;

10. Cuelgue el auricular;

11. Extraiga la tarjeta;

Los algoritmos también pueden tener condiciones para repetir una acción.

# ESTRUCTURAS DE MANIPULACIÓN DE DATOS

Como ya se ha mencionado y es lógico, los lenguajes de programación tienen cosas en común. Una de ellas son las estructuras de control. Las estructuras de control se definen como la base de la programación lógica y pueden ser de dos niveles: directo o indirecto (complejo). Para tener una idea de la diferencia entre el control directo y el control indirecto, presentamos a continuación dos diálogos representativos de dos situaciones cotidianas:

*Pedro - "¿Dónde fuiste Miguel"*

*Miguel - "Fui a la tienda a comprar ropa."*

*Individuo - "¿Dónde puedo obtener un certificado A-R53?"*

*Inspector - "Usted tiene que traer su identificación a la ventanilla, pedir un impreso GHA NORMAL y sellarlo, después de 3 meses de la finalización de la escritura tendrá que esperar hasta que llegue la vuelta..."*

Tras el análisis de los dos casos, rápidamente llegamos a la conclusión de que la respuesta obtenida en la primera situación es directa y simple, mientras que en la segunda ocurre lo contrario. Ahora, si usted quiere volcar la primera situación en el ordenador, veremos que es suficiente con una página de código secuenciado para que el ordenador recree los pasos. Lo mismo no ocurre en la segunda. Por lo general, para este tipo de casos, el programador utiliza piezas fundamentales llamadas funciones (en

Inglés function) que representan cada caso único de la situación, habiendo vínculos entre ellas en función del resultado.

## Estructuras básicas

Cualquier programa tiene que hacer algo (aunque sólo sea enviar una señal bip), sino no es un programa, es decir, tiene que presentar el contenido. Por lo tanto, como representa contenidos va a cambiar estados dentro de la computadora, siendo la memoria interna una de las piezas que se van a alterar inevitablemente. Es inevitablemente que un programa no se "aloje" en la memoria del ordenador, por lo que el programa necesita un espacio físico en memoria y que tendrá que pedirlo. Eso es de lo que hablamos a continuación.

## Variables y constantes

Una variable es una expresión que varía y por lo general está representada por un valor desconocido X, una constante es una expresión que no cambia (el número de Avogadro, PI, el número de Neper) y puede ser representada por una letra.

En los programas, las variables son todas las expresiones que pueden o no pueden variar, como también pueden ser constantes. Una cosa es evidente: las constantes no pueden ser variables.

En la siguiente función Y vale el doble de todos los valores de X:

**Y = 2X -> En esta función, X varía por lo que Y es una variable**

En la siguiente función Y siempre toma el valor 2:

**Y = 2 -> Y en esta función no varía y por lo tanto es constante.**

Aquí es evidente la diferencia de una variable y una función constante en matemáticas.

Trasladando la noción de variable y constante a programación, presentamos ahora dos códigos en PHP y C + +:

**/ / Nosotros representamos un texto como una variable representada por p (sintaxis PHP):**

```
<php?

$ p = "Hello World!" ;

// Ahora vamos a mostrarla en la pantalla

echo $ p ;

>
```

En el caso anterior, una variable es un texto que se almacena en memoria, representado por p.

**/ / Representamos ahora un "Hello World!" como una constante (la sintaxis de C + +):**

```
# include <iostream.h>;

int principal ( ) {
```

```
cout  <<  "Hello World!" ,

return  0 ;

}
```

No se alarme si no entiende nada de lo que ocurrió. Aquí "Hello World!" era una constante, no una variable, ya que no se almacena en memoria, sino que ha sido impuesta por la sentencia cout directamente.

## Instrucciones

Las instrucciones son comandos pequeños que dictan al programa lo que debe hacer con ciertos datos. Pueden almacenar información, la información actual, esperar una entrada, etc.

Aquí hay algunas de las instrucciones que son más comunes, así como su implementación en C + + y PHP:

| Instrucción | Descripción | PHP | Lenguaje C + + |
|---|---|---|---|
| MOSTRAR | Mostrar datos en la pantalla | echo (), print (); | cout << |
| ENTRADA | Solicitar una entrada | $ _GET [] (No se utiliza directamente) | cin.get () |

## *Estructuras de control*

### IF

IF es lo mismo que SI y se utiliza en todos los lenguajes de programación, ya que es la estructura más simple que existe. Su implantación supone el lanzamiento de un booleano Verdadero o Falso.

*IF esto*

*Hacer aquello*

### ELSE

ELSE se utiliza como un adicional de IF, haciendo que todos los datos devueltos como FALSO en IF sean controlados por este ELSE.

**IF esto**

*Hacer aquello*

**ELSE hacer otra cosa**

### SWITCH

El SWITCH es visto como un sustituto de IF-ELSE, cuando hay más de 2 opciones para ser controladas.

*SWITCH Variable*

*CASE argumento 1: el código correspondiente*

*CASE argumento 2: el código correspondiente*

*CASE argumento 3: el código correspondiente*

En este caso, switch buscará el argumento que contiene la variable adecuada y de esta forma elegirá que CASE ejecutar.

## FOR

FOR es un bucle que se ejecuta mientras un determinado argumento no es cierto.

*X = 1*

*FOR X <= 10*

*X = X + 1*

Puede ser más difícil de desentrañar este código que los anteriores pero lo que está escrito aquí es que "mientras X no sea igual a 10, la declaración FOR siempre vuelve al principio y vuelve a aumentar el valor de X en 1".

El procesamiento de salida es la siguiente:

*X = 1*

*X = 2*

*X = 3*

*X = 4*

*X = 5*

*X = 6*

*X = 7*

*X = 8*

*X = 9*

*X = 10*

## WHILE

WHILE es una estructura utilizada en la mayoría de lenguajes de programación actuales, especifica que se haga una acción mientras cierta condición es verdadera. Tenga en cuenta el ejemplo escrito en Pascal:

```
while  ( x <> z )
  begin
    writeln  ( 'Introduzca un valor para Z' )
      readln  ( z )
  end ;
```

En el código anterior, mientras que el valor de Z sea diferente al de X, se solicitará al usuario que introduzca el valor de Z.

## FUNCIONES

Las funciones son pequeños trozos de código independiente que se especializan en el tratamiento de ciertos tipos de datos dentro de un programa. Hay lenguajes como C o C + +, que sólo trabajan con funciones, otros, como los lenguajes de script (PHP, Python, Perl, etc.), trabajan con funciones y con código publicado en secuencia.

Un ejemplo de implementación de funciones sería:

*FUNCTION nombre_funcion (argumento 1, argumento 2, argumento x, ...)*

*Código*

*RETURN datos a ser devueltos al código principal*

*Ejemplo de implementación de función en código:*

*FUNCTION multiplicador (numero)*

*X = 10E21*

*Y = numero \* X*

*RETURN Y*

*END-FUNCION*


*GET numero*

*IF numero >= 1*

*GOTO multiplicador*

*SHOW Y*

*END-IF*

*ELSE*

*SHOW "No es un número entero"*

*END-ELSE*

En este código, vemos el poder de las funciones. En el caso anterior, se solicita al usuario introducir un número. Después de eso, el ordenador analiza si el número es un número entero, y si es así, se llama a la función multiplicador, devolviendo una variable Y que contiene el número introducido previamente multiplicado por el exponente de 22. Sin embargo, si el número introducido no es un entero, el equipo lanza un mensaje de error "No es un número entero".

## *Arrays*

Las matrices son estructuras de datos simples, denominadas como vector o lista si son matrices unidimensionales o array si es poli-dimensional. Lo que ocurre es que, en una matriz los datos son mostrados y ordenados de acuerdo a las propiedades o variables que intentamos dominar.

En el siguiente caso se presenta un array ordenado con datos del estado de un programa de código abierto:

*Array ('versión' => array ("Alpha"=> 0.1*

*"Beta" => 0.5*

```
        "End" => 0.9

         )

    -END ARRAY;

 "SO" => array ("Win" => "Windows"

     "Uni" => "UNIX"

     "Mac" => "Mac-OS"

     )

    -END ARRAY;

  )

 -END ARRAY;
```

Los datos que se describen como "versión" y "SO" se llaman clave y todos los demás son Valores. Entonces todo valor apunta a una clave.

**ARRAY (clave => valor);**

## Operaciones Aritméticas

En cualquier lenguaje es posible calcular las expresiones algebraicas aritméticas de conformidad con los signos convencionales ( + , - , * , y / ), por lo que cualquier expresión numérica se comporta como se da en la matemática elemental. También es posible usar expresiones alfanuméricas para realizar cálculos más complejos (materia en la que no entraremos ya que aquí los lenguajes difieren en su comportamiento - algunos están de acuerdo, otros calculan el valor hexadecimal del carácter ASCII u otras cadenas de formulario (frases), etc. - lo que conduce a una gama infinita de posibilidades de programación, en función de los requisitos establecidos en cada tipo de lenguaje).

## *Aritmética*

Podemos sumar cualquier expresión algebraica de la siguiente manera:

*2 + 2 = A*

*MOSTRAR A*

Obviamente obtendremos 4 como resultado mostrado.

Del mismo modo, es posible realizar cualquier operación de una calculadora matemática básica:

*B = 4 \* 5*

*MOSTRAR B / / número 20*

*3/2 = C*

*MOSTRAR C / / el resultado de 0, (6)*

Una vez visto esto, podemos pensar que sería posible calcular expresiones complejas

*5 + 2 3/3 - 5 = D*

**D DEMOSTRACIÓN**

Lo que obtenemos de la expresión anterior puede ser un resultado ambiguo dependiendo de la forma en que los lenguajes de programación interpretan la expresión - la expresión puede ser calculada por secuencia lógica matemática o en la secuencia en que se muestra. Actualmente todos los idiomas comunes siguen una secuencia lógica para calcular la expresión matemática y por eso el resultado es 10, (6) y no 0, (6).

## Operaciones complejas

¿Cómo se comporta el equipo con los cálculos utilizando números de coma flotante o números exponenciales ?

Al igual que en matemáticas, el equipo intentará redondear decimales (algunos lenguajes como PHP requieren la función round () para redondear matemáticamente) y de calcular potencias, para conseguir un resultado con un número real aproximado que se dice matemáticamente que es cierto.

Coma flotante:

*0.512 + 2/3 = 1.178 (6) / / cuántos decimales desea el usuario y la computadora permite*

## *Conclusión*

Estas son las instrucciones más básicas utilizadas por todos los lenguajes de programación existentes, precisamente por ser básicas y simples. Sin ellas, un lenguaje no es acreditado y presenta demasiadas limitaciones como para poder considerarse un lenguaje de programación racional.

# PSEUDO CÓDIGO

Pseudocódigo es una forma genérica de escribir un algoritmo, utilizando un lenguaje sencillo (un lenguaje nativo para quien escribe con el fin de ser entendido por cualquier persona) sin tener que conocer la sintaxis de cualquier lenguaje de programación. Es, como su nombre indica, un pseudo-código y por lo tanto no puede ser ejecutado en un sistema real (ordenador) - de lo contrario ya no sería pseudo.

Los libros de ciencias informáticas a menudo usan pseudocódigo para ilustrar sus ejemplos de modo que todos los programadores pueden entender la lógica de los programas (sin importar el lenguaje que utilizan), entendiéndose los conceptos facilitados después de la conversión a cualquier lenguaje de programación. Vamos a aprender en este libro los elementos más esenciales de la programación en pseudo-código.

## *Constantes y variables*

Una máquina de computación es esencialmente una máquina de entrada y salida de datos. Podemos definir dos tipos de datos: constantes , que es un valor fijo que no cambia hasta el final del programa y variable que corresponde a una posición en la memoria del ordenador que almacena un dato particular y que se puede modificar durante el programa.

## Tipos de variables

Al declarar una variable se le asigna una posición determinada en la memoria del ordenador. Por lo tanto hay una necesidad de determinar el tipo de la variable con el fin de tener suficiente espacio para la asignación de cualquier dato del tipo declarado.

- **Numérico**: variable que almacena datos de valor numérico (números). Algunos pseudo-códigos dividen este tipo de variables en reales y enteras, es decir, datos numéricos reales (con decimales) y números enteros.

- **Carácter**: variable que almacena los datos de la forma en que se escriben por lo tanto pueden asignar letras, números o letras y sólo números, pero el tratamiento de estos números es como texto y no como números mismos.

- **Lógico**: variable que sólo puede tomar dos valores: Verdadero o Falso.

## Modelo de Pseudo-código

Vamos a utilizar el siguiente pseudo-código como modelo estándar:

- Cada programa debe comenzar con  programa SuNombre

- El principio y el fin del programa estarán limitados por los marcadores Inicio y Fin

- Las variables se declaran en el comienzo del programa con NombreVariable: tipo de la variable

- Las variables no pueden estar en blanco y no pueden iniciar su nombre por número

- Los caracteres especiales no se deben utilizar en los nombres de variables (', `, ~, c, - y similares)

- Se debe evitar el uso de palabras reservadas (es decir, aquellas que utiliza el programa para funciones específicas, tales como inicio y fin).

- Considere que los nombres de las variables diferencian entre mayúsculas y minúsculas caso, es decir, son case sensitive. Así, el nombre de una variable declarada debe ser exactamente el mismo, incluyendo mayúsculas y minúsculas, hasta el final.

- Vamos a utilizar los comandos leer para recibir los datos del usuario y escribir para mostrar los datos al usuario.

- Los textos que se mostrarán en pantalla o que sea preciso insertar como carácter se colocarán entre "comillas".

- Los comentarios en el código se puede introducir entre llaves {} y se proporcionan únicamente con fines informativos, no cambian el código.

# Ejemplo de programa en pseudo-código

Vamos a crear ahora un programa en pseudo-código que define los tipos de registros relacionados con las variables de un libro y recibe estos datos por parte del usuario, que luego se imprimirán en la pantalla.

*Programa libro {definición de nombre de programa}*

*Inicio*

*CODIGODOLIBRO: entero*

*TÍTULO, AUTOR, REDACTOR: carácter {declaración de variables}*

*escribir "Este es un programa en pseudo-código que muestra los datos en pantalla de un libro"*

*escribir "Introduzca el código del libro"*

*leer CODIGODOLIBRO*

*escribir "Introduzca el título del libro"*

*leer TÍTULO*

*escribir "Introduzca el autor del libro"*

*leer AUTOR*

*escribir "Introduzca el editor del libro"*

*leer EDITOR*

*escribir "El libro de código es" CODIGODOLIBRO*

*escribir "El título del libro es" TÍTULO*

*escribir "El autor del libro es" AUTOR*

*escribir "El editor del libro es", EDITOR*

*Fin*

## Asignación de valores a las variables

A las variables se les asignan valores del mismo tipo que en su declaración durante el procesamiento del programa. En el ejemplo anterior asociamos el valor introducido por el usuario a las variables. Si queremos asignar valores podemos utilizar <- que asocia un valor a un identificador.

*Programa libro {definición del nombre de programa}*

*CODIGODOLIBRO: entero*

*TÍTULO, AUTOR, REDACTOR: carácter {declaración de variables}*

*escribir "Este es un programa en pseudo-código que muestra los datos en pantalla de un libro"*

*CODIGODOLIBRO <- 1*

*TÍTULO <- "El Señor de los Anillos"*

*AUTOR <- "JRR Tolkien"*

*EDITOR <- "Tralala Editorial"*

*escribir "El código del libro es" CODIGODOLIVRO {mostrará 1}*

*escribir "El título del libro es", TÍTULO {mostrará El Señor de los Anillos}*

*escribir "El autor del libro es", AUTOR {mostrará JRR Tolkien}*

*escribir "El editor del libro es", EDITOR {mostrará Tralala Editorial}*

*Fin*

## Expresiones en pseudo-código

Aquí se describirán las funciones y comandos utilizados para escribir en pseudocódigo.

### Comandos iniciales

Estos comandos estarán siempre en el pseudocódigo para fines de organización y no tienen asignada ningún tipo de ejecución, son los siguientes:

*Algoritmo "nombre de algoritmo" {donde lo que está entre "" es una variable literal}*

*Var {Sección de declaración de variables}*

*Inicio {Sección de inicio de comandos}*

*Fin {Indica el final del algoritmo}*

## Comando Algoritmo

Sólo sirve para indicar el nombre del algoritmo, en el que el nombre debe ser citado como una variable literal obligatoriamente. Por ejemplo:

*algoritmo "prueba"*

## Comando Var

Indica dónde se declaran las variables, es opcional, ya que en algunos algoritmos sólo se imprimen instrucciones. Por ejemplo:

*var*

*n1, n2: entero*

*n3, n4: real*

*nombre, código postal: literal*

## Comando Inicio

Indica donde comenzarán las instrucciones, es obligatorio. Por ejemplo:

*inicio*

*Escribir ("Esto es un algoritmo")*

*Comando Fin*

Sólo sirve para indicar que el algoritmo ha terminado, es obligatorio.

# ORIENTACIÓN A OBJETOS

La Orientación a Objetos es una metodología de análisis orientado a objetos, proyecto orientado a objetos y lenguaje de programación orientado a objetos para la programación de sistemas de software basados en la composición y la interacción entre diferentes unidades de software llamadas objetos.

En algunos contextos, se prefiere utilizar un modelo de datos orientado a objetos en lugar de un diseño orientado a objetos.

El análisis y diseño orientado a objetos tiene como objetivo identificar el mejor conjunto de objetos para describir un sistema de software. El funcionamiento de este sistema es a través de la relación y el intercambio de mensajes entre estos objetos.

Hoy en día existen dos aspectos en el diseño de sistemas orientados a objetos. El diseño formal, típicamente usando técnicas como UML y los procesos de desarrollo como RUP, y la programación extrema, que utiliza poca documentación, programación en parejas y pruebas unitarias.

En la programación orientada a objetos, se implementa un conjunto de clases que definen los objetos en el sistema de software. Cada clase determina el comportamiento (que se define en los métodos) y los posibles estados (atributos) de su objeto, así como la relación con otros objetos.

Smalltalk , Modula , Eiffel , Perl , Python , Ruby , PHP , C + + , Java , D y Vala son los lenguajes de programación más importantes con soporte a la orientación a objetos.

## Conceptos

- La **Clase** representa un conjunto de objetos con características similares. Una clase define el comportamiento de los objetos, a través de los métodos, y que estados es capaz de mantener, a través de los atributos.

Ejemplo de clase:

HUMANO es una clase y sus atributos son: 2 brazos, 2 piernas, 1 cabeza, etc...

- El **Objeto** es una instancia de una clase. Un objeto es capaz de almacenar estados a través de sus atributos y responder a las llamadas enviadas a él, a fin de relacionarse y enviar llamadas a otros objetos.

Ejemplo de objetos de la clase Humanos:

JOHN es un objeto de la clase HUMANO, con todos los atributos de esta clase, pero su individualidad.

Por lo tanto, el objeto es una discriminación de la clase, la clase debe ser una generalización de un conjunto de objetos idénticos o con la misma base.

- **Llamada o mensaje es una llamada a un objeto** para invocar uno de sus métodos, activando un comportamiento descrito por su clase.

- La **herencia** es el mecanismo por el cual una clase (subclase) puede extender de otra clase (superclase), aprovechando sus comportamientos (métodos) y los posibles estados (atributos). Hay herencia múltiple cuando una subclase tiene más de una superclase. Un ejemplo de herencia podría ser: MAMIFERO es superclase de HUMANO. Es decir, un ser humano es un mamífero.

- La **asociación** es el mecanismo por el que un objeto utiliza los recursos de otro. Puede ser una simple asociación "utiliza un" o una "parte de". Por ejemplo: Una persona usa un teléfono. La tecla "1" es parte de un teléfono.

- La **encapsulación** es la separación de los aspectos internos y externos de un objeto. Este mecanismo se utiliza ampliamente para evitar el acceso directo al estado de un objeto (sus atributos), apenas siendo accesibles los métodos que alteran estos estados.

Por ejemplo:

Usted no necesita saber los detalles de un circuito telefónico para usarlo. La cubierta del teléfono encapsula estos detalles, lo que le proporciona una interfaz de usuario más amigable (botones, señales de tono auricular y).

- La **abstracción** es la capacidad de centrarse en los aspectos esenciales de un contexto haciendo caso omiso de las características de menor importancia o accidentales. En el modelo orientado a objetos, una clase es una abstracción de entidades existentes en el dominio del sistema de software.

- El **polimorfismo** permite que una referencia a un tipo de una superclase tenga su comportamiento cambiado de acuerdo a la instancia de la clase hija asociada con ella. El polimorfismo permite la creación de superclases abstractas, es decir, con los métodos definidos (declarados) y no implementados, donde la implementación se produce sólo en subclases no abstractas.

# EJERCICIOS

## *Ejercicio 1*

**Verdadero o falso**

**Principio del formulario**

1. No necesito otro programa al terminar mi código en C + +. Sólo tengo que ejecutarlo directamente en la máquina.

| | |
|---|---|
| ⌒ | Verdadero. |
| ⌒ | Falso. |

2. El ensamblador es un lenguaje muy accesible para el usuario final.

| | |
|---|---|
| ⌒ | Verdadero. |
| ⌒ | Falso. |

3. Los scripts son lenguajes dinámicos y se utiliza en intervenciones pequeñas, para no tener que utilizar el compilador.

| | |
|---|---|
| ⌒ | Verdadero. |
| ⌒ | Falso. |

4. Siempre tengo que escribir un algoritmo antes de empezar a escribir un programa en un lenguaje.

| | |
|---|---|
| ○ | Verdadero. |
| ○ | Falso. |

Final del formulario


## Crear algoritmos

1. Crear un algoritmo para la siguiente frase:

*"Si estuvieras en el estado A tienes que descifrar el código B y sumar 2 al resultado de B.*

*Si no fuera A ir al C y detener."*

2. Descifre el siguiente al algoritmo:

*IF Libro 1*

*GOTO Page 251*

*SUMA 2 NA Page = VAR*

*SALIDA VAR*

*ELSE Libro 2*

*GOTO Page 23*

*RESTAR 2 NA Page = VAR*

*SALIDA VAR*

# Soluciones

## Verdadero o falso

1. Falso | 2. Falso | 3. Verdadero | 4. Falso

## Crear algoritmos

1.

*IF A*

 *DECIFRAR B + 2 = VAR*

*ELSE*

 *C*

 *STOP*

2.

*"Si tienes el Libro 1, ve a la página 251, e muestra o valor de la suma entre la página y 2.*

*Si tienes el Libro 2, ve a la página 23, e muestra el valor de la resta entre la página e 2."*

## *Ejercicio 2*

### Verdadero o falso

### Principio del formulario

1. Una sentencia FOR es una instrucción básica.

| | |
|---|---|
| ○ | Verdadero. |
| ○ | Falso. |

2. Es necesario incluir una instrucción ELSE en un IF.

| | |
|---|---|
| ○ | Verdadero. |
| ○ | Falso. |

3. SWITCH es útil para loops.

| | |
|---|---|
| ○ | Verdadero. |
| ○ | Falso. |

4. Las variables guardan datos en la memoria para poder ser manipulados.

| | |
|---|---|
| ○ | Verdadero. |
| ○ | Falso. |

**Final del formulario**

# Crear algoritmos

1. Cree un algoritmo para la situación de esta empresa:

*"El problema encontrado por nuestros trabajadores es que al encargar una pieza de automóvil, introducir la marca y solicitar la dirección, el programa no detecta si el registro termina en X o en Y. Si termina en Y no podemos solicitarlo directamente. Tenemos que introducir el código de salida (que termina en 00 en 01 o en 02) para evitar el trabajo para las dirección A, B o C respectivamente."*

2. Descifre el algoritmo presentado:

*Y = " polígono"*

*E = " no"*

*GET X*

*IF X=0*

  *MOSTRAR "No se puede aceptar el número!"*

*END-IF*

*ELSE*

 *SWITCH X*

   *CASE 1: "Es un polígono"*

   *CASE 2: "No es un polígono"*

   *CASE 3: "Como puedo aceptar un polígono aquí?"*

 *END-SWITCH*

*END-ELSE*

# Soluciones

## Verdadero o falso

1. Verdadero | 2. Falso | 3. Falso | 4. Verdadero

## Crear algoritmos

1.

*GET REGISTRO*

*IF REGISTRO=Y*

*GET ESCAPE*

*SWITCH ESCAPE*

*CASE "00": A*

*CASE "01": B*

*CASE "02": C*

*END-SWITCH*

*END-IF*

2.

*"El programa va a pedir X y si este fuera igual a cero va a decir que no puede aceptar ese número.*

*Se X es un uno va a responder que es un polígono, si es igual que dos va a decir que no lo es y si dice que es igual a tras va a preguntar como podría aceptar un polígono aquí."*

# HISTORIA Y EVOLUCIÓN DE LA PROGRAMACIÓN

En este capítulo se presenta un breve análisis de la historia y la evolución de los lenguajes de programación.

## *Ensamblador*

El ensamblador fue desarrollado en los años 50 y fue de los primeros lenguajes de programación en aparecer. Utiliza una sintaxis complicada y difícil, y esto se debe a que, antes de la década de los 50, los programadores tenían que escribir las instrucciones en código binario, algo así como: 0110010110011011010110011010111010110101...para escribir una instrucción. De hecho, el ensamblador fue creado para facilitar el uso de esta tarea pero se considera un lenguaje de bajo nivel, porque todo lo que interpreta el procesador tiene que ser escrito por el programador. Así el código anterior sería "añadir EAX" en ensamblador. Se requiere sólo después de ser terminado de escribir el código, ejecutar el compilador y ya tenemos el programa.

- **Ventajas**: programas muy rápidos y pequeños.

- **Desventajas**: tiempo de desarrollo lento y propenso a errores, código preso de una arquitectura.

## Fortran

Fortran (Formula Translator) es un lenguaje de alto nivel que se creó para solucionar los problemas y las dificultades presentadas por el ensamblador. También apareció en los años 50 y era considerado uno de los mejores lenguajes de la época. Cuenta con varias funciones predefinidas e instrucciones que nos permiten ahorrar tiempo al escribir las instrucciones básicas del procesador, a diferencia del lenguaje ensamblador.

## Pascal

Otro idioma de alto nivel desarrollado en la década de los 60, bien estructurado pero con reglas muy estrictas, lo que hace que sea difícil de modelar para crear nuevas ideas. Es el típico lenguaje utilizado para iniciarse en programación. Actualmente entornos de desarrollo (IDE) como FreePascal, Kylix y Delphi son excelentes opciones para ser usados con Pascal.

- **Ventajas**: fuertemente tipado (bueno para los principiantes que no están muy familiarizados con la programación)

- **Desventajas**: impide ser creativos a los programadores más veteranos

## Cobol

Era un lenguaje utilizado para la creación y estructuración de las bases de datos financieros en los años 60 y que todavía se utilizan para este tipo de servicios. En comparación con Pascal y ensamblador, este lenguaje es muy amigable y bastante asequible y actualmente sirve para muchas tareas.

## Lenguaje C.

Se podría decir que C es una de las maravillas de los lenguajes de programación. Muchos de los programas existentes en la actualidad están escritos en este lenguaje. C fue desarrollado en los Laboratorios Bell en los años 70 y tiene las siguientes características:

1. Portabilidad entre máquinas y sistemas operativos

2. Los datos compuestos en un formato estructurado

3. Interacción total tanto con el sistema operativo como con la máquina

4. Compacto y rápido

En los 80 fue el lenguaje más utilizado por los programadores por permitir la escritura intensiva de todas las características de los lenguajes anteriores. Los propios UNIX y Linux fueron escritos en C, así como el front-end de MS-DOS, de Windows, y las aplicaciones de oficina más utilizados en el mundo (OpenOffice.org, Microsoft Office, aunque cada una incluye sus propios scripts), también se utilizó en aplicaciones de gráficos y en la creación de efectos especiales en las películas Strar Trek y Star Wars.

5. **Ventajas**: programas muy rápidos y pequeños.

6. Desventajas: el tiempo de desarrollo lento y propenso a errores.

## C++

Un lenguaje que suma a C un conjunto de recursos tal y como su nombre indica. C + + está orientado a objetos. En la década de los 90, fue objeto de varias actualizaciones y normas; el estándar de C + + ha sido ampliamente trabajado por los desarrolladores desde hace ocho años, cuando fue finalmente aprobado por ANSI. Varios proyectos como KDE (front-end para UNIX, Linux, BSD y recientemente para Windows) están escritos en C + +.

7. Ventajas: programas muy rápidos y pequeños, protege contra algunos errores comunes en C.

8. **Desventajas**: tiempo de desarrollo lento.

## Java, C #

Lenguajes en alza a finales de los años 90 y principios de 2000, tienen alto poder de abstracción y buenas capacidades de virtualización, lo que les da mucha independencia sobre la plataforma, aunque esta característica todavía se está mejorando.

9. **Ventajas**: la facilidad de C / C + + y vínculos de patentes con las empresas que los desarrollan.

## *PHP*

PHP apareció en 1994 y pretendía revolucionar el mercado de los lenguajes para la creación de scripts para Internet. Realmente es un lenguaje excepcional donde se permite hacer todo lo que hacen los CGI y aún más cosas. Para aquellos que quieran seguir la programación de aplicaciones web es el lenguaje a estudiar, junto con Perl, también se utiliza en la creación de herramientas para los sitios web.

10. **Ventajas**: la facilidad de implementación y ejecución.

11. **Desventajas**: cierta lentitud, depende del entorno en el que se ha instalado el servidor.

### PERL, PYTHON, RUBY

Los ciclos de procesamiento y el ordenador son cada vez más baratos, mientras que el tiempo del programador y la creatividad son cada vez más caros. Por lo tanto, la tendencia actual en el mercado es la de promover lenguajes de alto nivel, menos optimizados para la máquina y más optimizados para el programador: lenguajes como Perl, Python y Ruby son lenguajes de programación de alto nivel, con un nivel de abstracción relativa alta, lejos de la máquina y más cerca de código de lenguaje humano.

12. **Ventajas**: facilidad de aplicación y cumplimiento en relación a Java y C #

13. **Desventajas**: más lento que los programas en C / C++

## *Similitudes y diferencias*

Las similitudes entre los diversos lenguajes son evidentes: la lógica binaria, sentencias if, else, goto, switch, etc... entre otros procesos. Sin embargo, es necesario tener en cuenta que la sintaxis básica de estos lenguajes es distinta y se requiere su aprendizaje. Para ello, el mejor lugar para aprender y mejorar son libros sobre la materia.

# LÓGICA PROPOSICIONAL DE PROGRAMACIÓN LÓGICA

La Lógica proposicional es un sistema lógico que busca formalizar la noción de la proposición, y como un conjunto de proposiciones puede ser creado mediante la combinación de propuestas para generar un resultado coherente que se puede aplicar para determinar si este conjunto es verdadero o falso. Es esencial para aprender los conceptos básicos de la lógica proposicional, ya que se basa en esta lógica lenguajes de programación estructurados para tratar de abstraer las decisiones que se toman en el mundo real.

## *Proposición*

Cualquier proposición es una declaración de lo que hacemos, que puede tomar el valor de Verdadero (V) o Falso (F). Por ejemplo:

- "Hoy está lloviendo."

- "El sol es amarillo."

- "Usted está enfermo."

Ejemplos de no proposiciones

- "¿Va a salir hoy?".

- "Tal vez dejaré de fumar."

Para considerarse como una proposición, una sentencia debe ajustarse a las siguientes reglas básicas:

- Principio de no contradicción: una proposición no puede ser verdadera y falsa al mismo tiempo. Es decir, si tenemos una propuesta: Está lloviendo, debe ser verdadero o falso (está lloviendo o no está lloviendo) y nunca ambos al mismo tiempo.

- Principio del tercero excluido: una proposición debe ser verdadera o falsa, no puede haber una tercera posibilidad. Es decir, si tenemos una proposición de la luna es cuadrada, la proposición debe ser verdadera o falsa, no debe ser un "más o menos".

Es importante entender el concepto de la proposición para la programación, porque en general, los equipos de procesamiento de datos deben estar dispuestos de forma lógica, a lo largo del valor asociado (verdadero o falso) de estas estructuras, para hacer un programa u otra acción.

## Conexiones lógicas

En la lógica de proposiciones, para facilitar la construcción de estructuras proposicionales, cada proposición puede ser representada por una letra minúscula cualquiera en lugar de utilizar toda la proposición. Por lo tanto, en lugar de utilizar una sentencia como "El árbol es alto", podemos utilizar una letra (por ejemplo, la letra p para representarla). Siempre que usted necesite utilizar "El árbol es alto," no vamos a necesitar reescribir toda la frase, sino que utilizaremos la letra p.

A toda proposición que es simple la llamamos elemento o átomo. Combinamos un conjunto de proposiciones simples usando conectores lógicos. Hay muchos tipos diferentes de conectores lógicos, pero en este libro vamos a aprender a utilizar los tres conectores básicos: la negación (NOT), conjunciones (AND) y disyunción (OR).

## *Verdad-tablas*

Las tablas de verdad es el nombre que se dan a las tablas lógicas que determinan todos los posibles resultados de las combinaciones de Verdadero o Falso en una estructura proposicional propuesta. Estos existen para facilitar la comprensión de los resultados obtenidos cuando se asocia un valor V o F para una propuesta. Así que para saber el resultado, simplemente viendo qué valor asociamos a cada propuesta, nos fijamos en la tabla y veremos el resultado en la última columna.

### Negación (NOT)

La negación de una proposición significa la inversión de su valor. El símbolo de la negación es ~, para negar un valor de una proposición la asociamos con el símbolo delante de la proposición que queremos negar. Para entender la lógica de esta conexión, imaginemos que tenemos la siguiente proposición: Hoy está lloviendo, representada por p. Su negación, es ~ p, lo que significa que hoy en día no está lloviendo. Pero si p es verdadero, ~ p es falsa, y viceversa. Así, en el análisis de todos los posibles valores de p, vemos que para cada valor asociado en p tiene su negación.

| p | ~ P |
|---|-----|
| V | F |
| F | V |

## Conjunción (Y)

La conjunción de dos proposiciones significa que el conjunto sólo será verdadero si todas las proposiciones que son verdaderas son las articulaciones. De lo contrario, si al menos un elemento es falso, toda la estructura se convierte en falsa. El símbolo utilizado para representar este valor es ^. Para entender la lógica de esta conexión, imaginemos que tenemos la siguiente proposición: Hoy está lloviendo hoy y María se quedó en casa. Si representamos la primera proposición como p y la segunda como q, podemos representar la conjunción de las dos proposiciones de la forma p ^ q, lo que significa hoy está lloviendo hoy y María se quedó en casa. La frase completa es verdadera sólo si las dos proposiciones que la componen son verdaderas: si alguno (o ambos) es falso, toda la frase se convierte en falsa.

| p | q | p ^ q |
|---|---|---|
| V | V | V |
| V | F | F |
| F | V | F |
| F | F | F |

## Disyunción (OR)

La disyunción de dos proposiciones significa que el conjunto es verdadero si al menos una de las proposiciones es cierta. El símbolo utilizado para representar la disyunción es V. Para entender la lógica de esta conexión, imaginemos que tenemos la siguiente proposición: Hoy está lloviendo y hoy María se quedó en casa. Si representamos la primera proposición como p y la segunda como q, podemos representar la disyunción entre las dos proposiciones en la forma p V q, lo que significa que hoy está lloviendo y hoy María se quedó en casa. Sólo una de las frases tiene que ser cierta para que cualquier frase sea verdadera.

| p | q | pVq |
|---|---|---|
| V | V | V |

| V | F | V |
|---|---|---|
| F | V | V |
| F | F | F |

## *Combinando las Proposiciones*

Hasta ahora, hemos visto las combinaciones entre dos proposiciones. Sin embargo, podemos combinar tres o más proposiciones. El cálculo de los valores lógicos sigue siendo el mismo. Por ejemplo, imagine la siguiente estructura:

**p ∧ q ∨ r**

¿Cuál sería el valor lógico de la frase? Visualice la tabla de la verdad de p ∧ q donde p = V y q= F, el resultado es F. Así que nos vamos a la segunda parte: si tenemos p ∧ q es F r es F, vemos que FVF es F. Por lo tanto, p ∧ q ∨ r es False. Los paréntesis son necesarios para definir las prioridades de cálculo, los utilizamos como en los cálculos estándar. Por lo tanto, si tenemos (p ∧ q ∨ (~ r ∧ q)) significa que (q ∧ ~ r) debe ser calculado antes que el resto.

# ALGORITMOS DE CONSTRUCCIÓN UTILIZANDO LA LÓGICA DE PROGRAMACIÓN

Cada vez que escribimos código en un lenguaje de programación, no podemos escribir "lo que queramos". La información escrita debe ser organizada con el fin de "ordenar" a la computadora lo que tiene que hacer. Por lo tanto, para escribir un programa informático, escribimos los algoritmos que indican a la computadora lo que tiene que hacer de acuerdo a las reglas establecidas por las reglas del lenguaje de programación. Pero a pesar de que los lenguajes varían, los algoritmos son esencialmente los mismos.

Un algoritmo es un conjunto de instrucciones organizadas con el fin de alcanzar un objetivo. Imaginemos que nos vamos a duchar. ¿Cómo describiría paso a paso la acción de ducharse? Veamos un ejemplo:

- Desnudarse

- Abrir la ducha

- Mojarse

- Enjabonarse el pelo

- Enjabonarse el cuerpo

- Enjaguarse el cabello

- Enjaguarse el cuerpo

- Cerrar la ducha.

Hay otras maneras de escribir un algoritmo. Un algoritmo puede ser "como hacer un pastel", "como hacer un examen de matemáticas", etc. También es importante que el algoritmo sea simple, es decir, que no contenga elementos innecesarios, que sea detallado, es decir, que sus declaraciones no sean demasiado genéricas, y que no sean ambiguos, es decir, que no den lugar a interpretaciones dudosas. Para escribir los algoritmos de una manera más "adecuada" para que cumplan nuestros objetivos, lo mejor es trabajar cada estructura lógica paso a paso como hemos visto antes.

## *Como escribir un algoritmo*

Nuestro "baño" es un algoritmo escrito para sea fácilmente entendido por la mayoría de los seres humanos que habla español. Hay varias maneras convenientes o inconveniente para escribir un algoritmo en función de la necesidad que tengamos. Cuando estamos "creando" un algoritmo que vamos a traducir a un lenguaje de programación, existen dos formas muy comunes de representación: los diagramas de flujo y el pseudocódigo.

Vamos a utilizar estas clases para el pseudo-código.

El Pseudocódigo es el nombre que se le da a un algoritmo cuando se escribe paso a paso de una manera lógica, y además, como si fuera un lenguaje de programación. El pseudocódigo no es la programación en sí, sino una manera de escribir un algoritmo para facilitar la posterior conversión a cualquier lenguaje. En España y en los países de habla española, el pseudo-código también es conocido como la estructura española, ya que utilizamos nuestro vocabulario del día a día para su creación. Es importante destacar que existen diferentes métodos para escribir el pseudo-código, que normalmente se basa en el lenguaje de programación para el que vamos a hacer la posterior conversión. Otro método común de representación de algoritmos es la construcción de diagramas de flujo, que son conjuntos de dibujos en los que cada formato representa una orden diferente. Este modelo es más utilizado en los proyectos relacionados con la ingeniería de software.

## La construcción de un algoritmo en pseudocódigo

Nuestro algoritmo en pseudocódigo tiene la siguiente estructura:

1: Algoritmo Nombre Algoritmo

2: COMIENZO

3: algoritmo en sí

4: END

En la línea 1, tenemos el algoritmo de marcado y el Nombre Algoritmo. Así que el algoritmo que hemos creado lo podemos llamar "ALGORITMO Bañarse". Pero ¿por qué escribir esto? Para facilitar la creación y composición de los nombres, para ello podemos seguir las siguientes normas:

- No utilizar espacios entre las palabras;

- No utilizar números al comienzo de los nombres;

- No utilizar caracteres especiales en los nombres (por ejemplo, ~,, * &% $ # @).

Para montar nuestros algoritmos, debemos adoptar algunas reglas:

- Vamos a hacer todos los pasos de un algoritmo en una fila

- En cada paso, vamos a poner un punto y coma para terminar la línea (;). Esto facilitará la lectura para saber cuando termina una instrucción y la siguiente.

- El algoritmo debe tener un fin.

- El algoritmo no puede disponer de comandos ambiguos, es decir, todo se debe establecer con precisión y sin posibilidad de interpretaciones erróneas.

Ahora vamos a incorporar estas reglas en nuestro algoritmo "bañarse":

**ALGORITMO Bañarse**

**COMIENZO**

**Desnudarse;**

**Abrir la ducha;**

**Mojarse;**

**Enjabonarse el pelo;**

**Enjabonarse el cuerpo;**

**Enjuagarse el pelo;**

**Enjuagarse el cuerpo;**

**Cerrar de ducha;**

**FIN**

Para iniciar la estructuración de nuestros algoritmos de una manera que se entienda mejor para los lenguajes de programación, es importante saber cómo estructurar sus algoritmos de una manera sencilla, obedeciendo a las etiquetas de inicio y de finalización. Dichas marcas, en el lenguaje de programación en sí, dicen cuando comienza una instrucción y cuando termina.

## *Datos*

Dentro del programa, el concepto de datos es esencial para la creación de algoritmos. Un dato es un valor manipulado por un algoritmo. Al escribir en un teclado, al utilizar un ratón, al hacer un cálculo, o al capturar una imagen en nuestro monitor, estamos trabajando con datos. Por lo tanto, la información de datos se organiza para permitir la entrada, el procesamiento y la salida mediante un algoritmo. Cuando hacemos la suma de 1+1=2, tenemos dos datos (1 y 1), se realiza un cálculo, y se arrojan nuevos datos (2).

En los ordenadores, los datos se trabajan en código binario. Pero los ordenadores funcionan de una manera diferente a los seres humanos: sus recursos de memoria son limitadas y deben los algoritmos deben estar bien elaborados para no generar conflictos en el momento de registrar la información, los datos no se trabajan directamente. Antes de utilizar cualquier información, la computadora reserva un espacio en su memoria, y entonces coloca los datos en este marcador de posición y realiza los cálculos. De manera parecida a los libros de una estantería: hay que dejar espacio en los estantes para "acomodar" los libros que queremos. Para facilitar la comprensión de como funciona un equipo, imagine la cuenta anterior (1+1=2).

- En primer lugar el ordenador se reserva un espacio para el resultado. Vamos a llamar a este espacio RESULTADO.

RESULTADO

- En segundo lugar, el equipo se reserva un espacio para el primer número, que llamaremos PRIMERNUMERO.

PRIMERNUMERO RESULTADO

- En tercer lugar, el equipo se reserva un espacio para el segundo número, que llamamos SEGUNDONUMERO.

RESULTADO PRIMERNUMERO SEGUNDONUMERO

- En cuarto lugar, le decimos al equipo que el primer

número es igual a 1 y el segundo número es también igual a 1.

RESULTADO PRIMERNUMERO SEGUNDONUMERO

PRIMERNUMERO = 1

SEGUNDONUMERO = 1

- En quinto lugar, establecer el cálculo entre los dos números, asociando el resultado RESULTADO al marcador de posición:

RESULTADO PRIMERNUMERO SEGUNDONUMERO

PRIMERNUMERO = 1

SEGUNDONUMERO = 1

RESULTADO = PRIMERNUMERO + SEGUNDONUMERO

Aquí tenemos que distinguir dos cosas importantes:

- Siempre tenemos que reservar espacio para todos los datos utilizados en el programa para calcular. Esta reserva de espacio se llama la declaración de datos.

- Asociamos un valor usando del signo =. Por lo tanto, el resultado anterior recibe el valor de la suma de los dos números. Si queremos asociar un valor único sólo tenemos que poner el valor después del =.

- El primer valor (antes del =) recibirá el valor de cualquier acción que realizamos después del =. Así, por ejemplo, una resta toma la siguiente forma: RESULTADO = PRIMERNUMERO - SEGUNDONUMERO o en una multiplicación sería RESULTADO = PRIMERNUMERO * SEGUNDONUMERO.

Nuestro algoritmo para 1+1=2, sería parecido a lo siguiente:

**Sumar Algoritmo**

**COMIENZO**

**RESULTADO;**

**PRIMERNUMERO;**

**SEGUNDONUMERO;**

**PRIMERNUMERO = 1;**

**SEGUNDONUMERO = 1;**

**RESULTADO = SEGUNDONUMERO + PRIMERNUMERO;**

**FIN**

Acaba de definir el nombre de los datos que se utilizarán en el programa, pero necesitamos más datos. Tenemos que saber primero si los datos son una constante o una variable, y qué tipo de datos se está trabajando.

## *Constantes y Variables*

Una constante es un hecho que nunca cambiará su valor a lo

largo del algoritmo. En el ejemplo anterior, PRIMERNUMERO, SEGUNDONUMERO y RESULTADO son constantes. Pero imagine que el algoritmo anterior puede añadir cualquier número en vez de los dos números que hemos insertado, es decir, que no realice sólo la operación 1+1. En este caso tenemos una variable dada.

En primer lugar, vamos a aprender una instrucción: READ. El comando de lectura significa que el equipo aceptará un valor desde el teclado, para asócialo como espacio separado y luego hacer el cálculo. Esto significa que podemos hacer cualquier cálculo con cualquier número introducido, ya que será recibido por READ.

**Sumar Algoritmo**

**COMIENZO**

**RESULTADO;**

**PRIMERNUMERO;**

**SEGUNDONUMERO;**

**READ PRIMERNUMERO;**

**READ SEGUNDONUMERO;**

**RESULTADO = SEGUNDONUMERO + PRIMERNUMERO;**

**FIN**

Pero si esta posibilidad existe, ¿por qué tenemos que utilizar constantes? Las constantes sólo son útiles cuando no necesitamos cambiar el valor de los datos nunca. Supongamos que queremos añadir siempre 10 al primer número, por cualquier razón. Así, podemos reconstruir el algoritmo como:

**Suma Algoritmo**

**COMIENZO**

**RESULTADO;**

**PRIMERNUMERO;**

**SEGUNDONUMERO;**

**READ PRIMERNUMERO;**

**SEGUNDONUMERO = 10;**

**RESULTADO = SEGUNDONUMERO + PRIMERNUMERO;**

**FIN**

## *Tipos de datos*

El algoritmo anterior es más parecido a un algoritmo de programación, pero todavía es muy sencillo e incompleto. ¿Y si en lugar de escribir un número en el comando READ PRIMERNUMERO, tecleásemos una letra? En estos casos, cuando declaramos una variable, también debemos decirle el tipo de datos que recibimos. Pero podemos hacer más todavía, cuando decimos el tipo de datos asociado a un hecho, estamos estableciendo límites para contar la cantidad de espacio que queda reservado para estos datos. Sin embargo, si un hecho va a ocupar un tamaño máximo de 9 números, como un teléfono móvil, ¿Por qué dejar espacio para 20 números? Es necesario estimar y limitar el tamaño de las variables para no provocar un mal uso de los recursos informáticos.

Otro ejemplo para determinar la importancia de declarar el tipo de un hecho, es que la suma anterior, se puede sumar 1+1, pero nuestro programa puede calcular ¿34165631341 + 895647365645?

Los tipos de datos más básicos son:

- Largo: Los datos pueden recibir cualquier valor numérico entero positivo o negativo. Por ejemplo, las cifras como 1,2565, 3.124.587 o -5 se pueden representar sin mayores problemas.

- Real: los datos pueden recibir cualquier valor de número real positivo o negativo. Este tipo de datos se utiliza principalmente para la representación de números con decimales. Así podemos representar valores como 0.5, 25.6352, -639.5214, entre otros.

- Texto: los datos pueden recibir cualquier valor alfanumérico, además de caracteres especiales. En estos casos, este tipo de datos no pueden participar en los cálculos ordinarios.

- Lógico (booREADnos): los datos tienen valores de 0 (FALSE) o 1 (TRUE), y sólo estos valores.

Para declarar el tipo de un dato (constante o variable), se utiliza la estructura de Nombre de variable: Tipo. Para realizar cualquier operación entre los datos, estos deben ser del mismo tipo. Por lo tanto, los enteros se calculan sólo con números enteros, y sus resultados son números enteros, y así sucesivamente. En el algoritmo anterior, haremos un cambio:

**Sumar Algoritmo**

**COMIENZO**

**RESULTADO: INTEGER;**

**PRIMERNUMERO: INTEGER;**

**SEGUNDONUMERO: INTEGER;**

**READ PRIMERNUMERO;**

**SEGUNDONUMERO = 10;**

**RESULTADO = SEGUNDONUMERO + PRIMERNUMERO;**

**FIN**

Para cerrar este contenido, veremos un nuevo comando WRITE. Este comando servirá para "mostrar" ciertos datos en nuestra pantalla de ordenador. Imaginemos que queremos mostrar el resultado del cálculo en la pantalla del ordenador, después escribimos dos números y hacemos clic. Vamos a hacer el siguiente cambio:

**Suma Algoritmo**

**COMIENZO**

**RESULTADO: INTEGER;**

PRIMERNUMERO: INTEGER;

SEGUNDONUMERO: INTEGER;

READ PRIMERNUMERO;

SEGUNDONUMERO = 10;

RESULTADO = SEGUNDONUMERO + PRIMERNUMERO;

WRITE RESULTADO;

FIN

# Datos numéricos y de texto en la lógica de programación

## *Composición de los nombres de constantes y variables*

Volviendo a nuestro algoritmo que realiza la suma de dos números y devuelve un resultado:

**Suma Algoritmo**

**COMIENZO**

**RESULTADO: INTEGER;**

**PRIMERNUMERO: INTEGER;**

**SEGUNDONUMERO: INTEGER;**

**READ PRIMERNUMERO;**

**SEGUNDONUMERO = 10;**

**RESULTADO = SEGUNDONUMERO + PRIMERNUMERO;**

**WRITE RESULTADO;**

**FIN**

Creamos (declarar) tres datos llamados RESULTADO, PRIMERNUMERO y SEGUNDONUMERO. En lugar de utilizar estos nombres, podríamos haber puesto el nombre que desee. Sin embargo, una buena recomendación es que los nombres sean fáciles de recordar, ya que usted probablemente tendrá que usar esto muchas veces durante un código, que sean adecuados para el código y obedezca a las reglas siguientes:

- Los nombres de las variables y de las constantes no pueden contener espacios en blanco: Por ejemplo, no se puede declarar como números primos, Nombre Cliente o similares. Podemos declarar como NUMEROPRIMO, NOMBRECLIENTE, y en cualquier caso que no tenga espacios en blanco entre las palabras.

- Los nombres de las variables y de las constantes no pueden empezar por un número, es decir, un nombre siempre debe comenzar con una letra entre la a y la z. Por ejemplo, 1NUMEROPRIMO.

- Los nombres de las variables y de las constantes no pueden contener caracteres especiales (como ç, ~, ', %, $, -, etc): Por lo tanto, no se puede declarar un dato llamado OPCIÓN. Si quieres algo parecido lo podría declarar como OPCION. El único carácter especial que se acepta en los nombres de las variables y de las constantes es la parte inferior _.

- Los nombres de las variables y de las constantes son CASE SENSITIVE, es decir, se distingue entre las mayúsculas y las minúsculas. Por ejemplo, si se declara un punto de datos como OPCION y aparece más adelante como opcion, tenga en cuenta que el programa los tratará como datos diferentes. Una buena recomendación, que será utilizada en este libro es que todos los datos tienen sus nombres escritos en mayúsculas.

- Los nombres de las variables y de las constantes no pueden ser palabras reservadas: Las palabras reservadas son los nombres que damos a las palabras que el lenguaje de programación usa para otras funciones. Para nosotros, consideramos las palabras reservadas cada declaración que aprendemos o usamos, como ALGORITMO, COMIENZO, READ, WRITE, INTEGER, entre otros.

## *Comentar Algoritmos*

Cuando escribimos un algoritmo, la idea es que esto sea claro y fácil de leer, no sólo para los demás sino para nosotros mismos. Después de todo, podemos tener una idea de cómo resolver un problema, y después de un tiempo no recordar o entender la estructura que había propuesto. Todos los lenguajes de programación proporcionan un recurso para comentar el código, que es un comando que nos permite escribir lo que queramos, pero que después no serán interpretado por el programa. En pseudocódigo utilizamos llaves {} para los comentarios, todo lo que se coloca dentro de las llaves se considera un comentario y no serán considerados por el algoritmo.

**Sumar Algoritmo**

**COMIENZO**

**RESULTADO: INTEGER; {esta variable recibe la suma de un**

número introducido y de un segundo número}

PRIMERNUMERO: INTEGER;

SEGUNDONUMERO: INTEGER;

READ PRIMERNUMERO; {aquí recibido el valor que el usuario escribe en el teclado}

SEGUNDONUMERO = 10; {establece que el segundo número es 10}

SEGUNDONUMERO = PRIMERNUMERO + SEGUNDONUMERO; {la suma se lleva a cabo aquí}

RESULTADO WRITE; {aquí muestra en la pantalla el cálculo realizado}

FIN

## *Asignación de valores a las variables y a las constantes*

Las variables y las constantes como vimos anteriormente son espacios en la memoria del ordenador que pueden recibir información del tipo seleccionado. Podemos modificar esta información cuando lo requiera nuestro algoritmo. Esta asignación se realiza mediante el signo =, con la siguiente estructura:

Variable o constante = valor a ser recibido;

La cantidad recibida se puede ser un número (en el caso del tipo de datos ENTERO o REAL), de texto (en los casos de tipo texto) o lógico (1 y 0). En los casos de los tipos numéricos, el valor que recibirá también puede ser una expresión matemática, lo que conduce a un valor que se asignará a la variable.

## *Matemáticas*

Se puede realizar cualquier operación matemática entre los datos numéricos del mismo tipo (enteros con enteros, reales con reales, etc...). El cómo realizar estos cálculos es algo muy similar a lo que ya hemos visto anteriormente, donde separamos los espacios para el resultado y para los operandos. Los símbolos de las operaciones básicas que se pueden utilizar son:

| Operación | Símbolo |
|---|---|
| Suma | + |
| Resta | - |
| Multiplicación | * |
| División | / |
| Potenciación | ^ |

| El resto de la división | % |
|---|---|

Por lo tanto, utilizamos los símbolos de la siguiente manera, teniendo como ejemplos a tres variables numéricas A, B, C, donde A = 2, B = 3 y C almacena el resultado en el que:

- C = A + B (C recibe la suma de A más B, o C 3 = 2, y C = 5)

- C = A - B (C recibe la resta de A-B o C = 2-3, y C = -1)

- C = A * B (C recibe la multiplicación A * B = 2 o C 3 y C = 6)

- C = A / B (donde el divisor debe ser un número distinto de 0, ya que no hay división por 0. Este caso, el C recibe A dividido por B, o C = 3/2, y C = 0.66666666666666666666666666666667).

¿Las dos últimas operaciones expuestas en la tabla no son muy comunes para el público en general, ya que no se utilizan para resolver muchos de los problemas de la vida cotidiana:

- C = A ^ B (C recibe la potencia de A ^ B, o C = 2 ^ 3 donde C = 8).

- A% B = C (C recibe el resto de la división entre A y B. En el caso asociado a A = 5 y B = 2. A / B es igual a 2, sobrando 1. C recibe el valor de 1).

Al igual que en las matemáticas comunes, podemos combinar varios operadores en una sola expresión. Por ejemplo, podemos hacer sin ningún problema C = A + B / B, o incluso añadir varias variables y constantes: C = A + B * DG, por ejemplo. Hay varias operaciones que se realizan primero, la potenciación luego la división, luego la multiplicación, y, finalmente, el resto y la suma. Si necesita realizar un cálculo antes que otro que no cumpla con esta norma, utilizamos paréntesis para determinar el orden de prioridad. Por ejemplo, si C = (A + B) * D, primero será la suma de A + B y el resultado será la multiplicación de la suma D. En otro ejemplo, C = ((A + B) * (D + E)) / 5, primero se efectuará la suma de A + B y D + E, y los resultados se multiplicarán, y luego dividirán el resultado por 5.

## *Trabajar con variables de texto*

Se habrá dado cuenta de que trabajar con las variables numéricas no tiene muchos secretos. Pero las variables de tipo texto, no trabajan igual. Estas variables son diferentes porque aceptan no sólo números, sino caracteres alfabéticos (letras), y pueden formar conjuntos de caracteres (cadenas). Por lo tanto, este tipo de variables aporta un enfoque diferente en su trabajo. En primer lugar, las declaraciones de variables de tipo texto, establecen un límite en el número de caracteres que se pueden introducir. Esto ocurre por un problema de espacio. Cuando declaramos una variable de número entero, el tipo real, o lógico, obtenido con la misma cantidad de bytes, representa cualquier número. Generalmente cualquier entero puede representarse por medio de 4 bytes, un real con 4 bytes y un valor lógico con 1 byte. Sin embargo, en los tipos de texto, la equivalencia es de 1 byte por 1 carácter (letra). Así que si no consideramos esta limitación, podríamos consumir toda la memoria de la computadora. Cuando estamos seguros del tamaño del campo de texto, por ejemplo AB son siempre dos caracteres, fijamos el tamaño del número exacto tenemos la intención de utilizar. Cuando no lo sabemos, estimamos un límite razonable y establecemos ese tamaño, por ejemplo, un campo de tipo nombre puede tener un valor entre 60 y 100. Pocos nombres superarán este límite. El límite del tamaño de los datos se coloca entre paréntesis después del tipo de texto que se declara. Ejemplo:

**AB: TEXTO (2)**

**NOMBRE: TEXT (60)**

Una ventaja cuando se trabaja con textos, es que la mayoría de los textos utilizados en la programación se pueden insertar directamente en el WRITE de nuestro algoritmo.

Volviendo a nuestro algoritmo anterior. Imaginemos que queremos no sólo mostrar en la pantalla el resultado de la suma, sino que también vamos a escribir "la suma es", seguido por el número:

**Sumar Algoritmo**

**COMIENZO**

**RESULTADO: INTEGER;**

**PRIMERNUMERO: INTEGER;**

**SEGUNDONUMERO: INTEGER;**

**READ PRIMERNUMERO;**

**SEGUNDONUMERO = 10;**

**RESULTADO = SEGUNDONUMERO + PRIMERNUMERO;**

**WRITE "La suma es" RESULTADO;**

**FIN**

Es importante tener en cuenta que cuando usamos el texto, este debe ir entre comillas dobles. Por lo tanto, todo lo que está dentro de las comillas se considerará como texto. Dentro de estas citas puede escribir y utilizar los caracteres que queramos, incluyendo caracteres especiales y espacios en blanco. Los números también se pueden utilizar, pero estos textos no se pueden calcular. Así que si escribimos "1", no puede ser utilizado para expresiones matemáticas.

Pero, ¿Cuando un texto se convierte en un dato? Cuando este podría cambiar dentro de nuestro algoritmo. Imaginemos una necesidad diferente. Queremos mostrar el nombre de una persona y su edad en la pantalla de ordenador. Así que cada vez que nuestro algoritmo se ejecuta, el nombre de la variable y la edad se modificarán. Para capturar el nombre, vamos a declarar una variable de tipo texto como el que vimos anteriormente, vamos a asociar la variable de la misma manera que asociamos un valor en los tipos numéricos. La diferencia básica es que el tipo de datos de texto no se puede calcular con los datos de tipo numérico. Veamos un ejemplo:

**ALGORITMO MostrarNombreEdad**

**COMIENZO**

**EDAD: INTEGER;**

**ANIONACIMIENTO: INTEGER;**

**NOMBRE: TEXT (60); {introducir nombres que no excedan de 60 letras}**

**SHOW "escriba su nombre:"; {Le mostramos un texto que pide al usuario que introduzca su nombre}**

**READ NOMBRE, {recibe el nombre}**

**SHOW "escriba su año de nacimiento:"; {pedimos que introduzca su año de nacimiento}**

**READ ANIONACIMIENTO; {leemos el año del nacimiento}**

**EDAD = 2010 - ANIONACIMIENTO; {calculamos la edad}**

**WRITE "Su nombre es" NOMBRE "y tiene" EDAD "años", {aquí se muestra el resultado}**

**FIN**

# OPERACIONES LÓGICAS Y PROCESAMIENTO CONDICIONAL

En el ejemplo anterior creamos un algoritmo que trabaja con los resultados de datos y con la visualización en la pantalla. Sin embargo, lo que hemos visto hasta ahora son funciones muy básicas que las calculadoras de mano realizan sin ningún problema. Ahora comenzamos el estudio de las estructuras de toma de decisiones y el procesamiento condicional, que son el núcleo de la programación lógica. Para esto usted debe haber entendido bien tanto los conceptos de la lógica como la introducción a los algoritmos. Para poder crear mejores algoritmos, vamos a tomar unas cuantas reglas más para su composición y para una mejor visualización:

- Las variables y las constantes continúan siendo escritas en letras mayúsculas.

- Las palabras reservadas comienzo, fin y algoritmo (algoritmo, Comienzo y Fin) tendrán la primera letra en mayúscula, por tanto, como el nombre del algoritmo;

- Los controles internos tienen sus nombres escritos en letras minúsculas.

## Operaciones lógicas

En la lección anterior, aprendimos cómo crear expresiones

matemáticas para establecer el valor de las variables y hacer cálculos sencillos. Algoritmos de ahora vamos a aprender a utilizar otras expresiones, que son las operaciones lógicas. Son los mismos principios que vimos en la Parte 2, haciendo comparaciones entre los valores, y el establecimiento de si la condición es verdadera o falsa. Primero establecemos los operadores lógicos disponibles, utilizando como ejemplo, dos variables A y B:

| Operador | Valor | Expresión | Descripción |
|----------|-------|-----------|-------------|
| > | Más | A> B | A mayor que B |
| > = | Mayor o igual | A> = B | A mayor o igual a B |
| < | Menos | A | A menos de B |
| <= | Menor o igual que | A <= B | A menor o igual a B |
| == | Igual | A == B | A es igual a B |
| | Diferente | AB | A no-B |
| & | y | A & B | A y B |

| | | | | |
|---|---|---|---|
| \|\| | Oregón | A \|\| B | A o B |
| ! | NO | !A | No A (negación) |

Cuando hacemos una operación lógica como por ejemplo A> B, estamos haciendo una comparación entre los valores de A y de B, y esta comparación debe ser verdadera o falsa. A partir del valor obtenido (verdadero o falso) lo que hará nuestro algoritmo es ejecutar algún comando. Si por ejemplo, A = 5 y B = 3, la expresión A> B es verdadera. Pero a diferencia de las expresiones matemáticas, usamos esta comparación no para asociarla con un dato, sino para "activar" las estructuras lógicas como vemos a continuación. Las operaciones lógicas pueden utilizar cualquier tipo de datos, ya que los datos comparados son del mismo tipo.

Como hemos visto en la lógica y en las expresiones matemáticas, las operaciones lógicas se pueden combinar con el valor lógico general establecido por los valores lógicos de cada componente que constituye la expresión. Las prioridades de funcionamiento también están determinadas por el uso de paréntesis, como en las expresiones matemáticas.

### IF ... THEN ... ELSE

La estructura if ... then ... else es lo que llamamos una estructura condicional simple. Se establece una condición, y ofrece una respuesta a esta condición si es cierta o falsa. Un ejemplo común de esto es el uso de, por ejemplo, si llueve mañana me quedaré en casa y si no llueve saldré de casa. En nuestro algoritmo, la estructura condicional será diferente. Se parece a:

**si condición, entonces**

**ejecutar si se da la condición**

**sino**

**ejecutar si la condición no se produce**

**fin;**

**Por lo tanto, nuestro algoritmo de lluvia se ve de la siguiente manera:**

**si llueve mañana, entonces**

**Me quedaré en casa**

**sino**

**Voy a salir**

**fin;**

Lógicamente, tenemos que definir este algoritmo para estructurarlo para la comprensión de la computadora. Para ver si está lloviendo o no, vamos a crear una variable de tipo lógico que si está lloviendo, será marcado en 1 (verdadero), y si no llueve se marcará 0 (falso):

**Algoritmo SalirLloviendo**

**Comienzo**

LLUEVEMANIANA: LÓGICO;

LLUEVEMANIANA = 1;

si LLUEVEMANIANA = 1, entonces

WRITE "Me quedaré en casa";

sino

WRITE "Voy a salir";

fin;

Fin

Arriba ponemos un valor dentro de nuestro algoritmo. Esto nos será de mucha ayuda para la mayoría de nuestras necesidades. Pero nosotros proponemos un nuevo algoritmo: tenemos que recibir una calificación de un estudiante. Si esta nota es inferior a 3, el estudiante recibe lo que está en suspendido. Si la nota es mayor que 3 y menor de 6, el alumno está en recuperación. Si la puntuación es superior a 6, el estudiante está aprobado.

**Algoritmo NotaAlumno**

**Comienzo**

**CALIFICACIONES: REAL;**

**WRITE "Escribe la nota";**

**READ CALIFICACIONES;**

**CALIFICACIONES Si <3, entonces**

```
WRITE "suspenso";

sino

CALIFICACIONES Si> = 3 & CALIFICACIONES <6 entonces

WRITE "Está en recuperación";

sino

WRITE "Ha aprobado";

fin;

fin;

Fin
```

# CREACIÓN DE VECTORES Y MATRICES
# VECTORES (ARRAYS)

Hasta ahora hemos visto muchos ejemplos de cómo construir estructuras y algoritmos simples. Pero, ¿qué pasa si tenemos que registrar un colegio con 500 alumnos y sus calificaciones? Por lo que hemos aprendido hasta ahora, tendremos que crear 500 grupos de estudiante y el Calificador, que sin duda le dará una gran cantidad de variables de trabajo. En este sentido, podemos utilizar vectores para facilitar la escritura de algoritmos. Un vector es una variable que le permite agrupar los datos del mismo tipo bajo un mismo nombre.

Aprendimos que cuando creamos una variable, se crea un espacio en la memoria para almacenar los datos. Si creáramos:

**NUMERO: INTEGER;**

**NUMERO = 5;**

**NUMERO= 4;**

Reservamos un espacio en la memoria que llamamos NUMERO, y luego ponemos el valor de 5 en este espacio. Poco después, eliminamos el valor 5 y ponemos un valor de 4. Esto se debe a que estamos trabajando con el mismo espacio de memoria. Pero si queremos almacenar varios valores del mismo tipo, sin destruir los valores anteriores, podemos utilizar un vector que tiene el mismo nombre pero asignará espacios diferentes según el tamaño que especifica el programador. La declaración de una matriz es la siguiente:

**Nombre vector: array [tamaño]: Tipo de vector;**

El tamaño especifica cuántos datos del mismo tipo se pueden almacenar en el vector. Para una mejor comprensión, imaginemos que necesitamos registrarse a tres estudiantes y sus calificaciones. En lugar de declarar NOMBRE1, NOMBRE2, NOMBRE3, crearemos un vector que se llamará NOMBRE y almacenará los 3 nombres. La declaración de un vector es igual a como se declara una variable y tiene la siguiente estructura:

En nuestro caso, utilizamos:

**NOMBRE**: Vector**[3]** texto **(60)**;

Eso quiere decir que creamos un vector llamado NOMBRE con 3 variables internas de tipo texto con un máximo de 60 caracteres. Vamos a hacer lo mismo con la variable CALIFICACIONES. Entonces, cada vez que tenemos que utilizar cada una de las tres variables, las llamaremos con la forma NOMBRE[Posición]. Vamos a construir el algoritmo para comprender mejor:

**Algoritmo Estudiante**

**Comienzo**

**NOMBRE: Vector [3]: Texto (60);**

**CALIFICACIONES: vector [3]: real;**

**WRITE "Introduzca el nombre del primer estudiante y su respectiva calificación";**

read NOMBRE[0];

read CALIFICACIONES [0];

write "Introduzca el nombre del segundo estudiante y su respectiva calificación";

read NOMBRE[1];

read CALIFICACIONES [1];

write "Introduzca el nombre del tercer estudiante y su respectiva calificación";

read NOMBRE[2];

read CALIFICACIONES [2];

Fin

En el algoritmo anterior, cuando le pedimos el nombre, asociamos ese nombre al espacio de NOMBRE [0], el segundo al NOMBRE [1] y así sucesivamente (recuerde que una matriz siempre comienza en la posición 0). Cada vez que tenemos que usar el primer nombre, lo llamaremos igual, NOMBRE [1]. Como ve, esto facilita la declaración de variables, pero su uso principal está orientado para trabajar con grandes cantidades de datos. Imaginemos otro problema: hay que capturar 40 números por parte del usuario y hacer la suma entre ellos. En este sentido, utilizamos las estructuras que hemos aprendido anteriormente para tener un algoritmo de reducción:

Algoritmo **Suma**

**Comienzo**

**NUMERO: vector [40]: integer;**

**INDEX, SUMA: integer;**

**SUMA = 0;**

**INDEX para 0-39 hacer**

**write "Introduzca un número";**

**read NUMERO [INDICE];**

**fin_para;**

**INDEX para 0-39 hacer**

**SUM = SUM + NUMERO [INDICE];**

**fin_para;**

**write "La suma es" SUMA;**

**Fin**

En el algoritmo anterior, creamos un vector de enteros, la variable de índice que nos permite "recorrer" por el vector, y una variable que recibirá los números de la SUMA. En el primer bucle el índice para varia de 0 a 39: esto modificará el espacio vectorial que estamos utilizando sin tener que declararlo índice a índice. Para cada valor introducido, vamos a asociarlo a un espacio vectorial y pasar al siguiente. Al salir del bucle, entramos en un segundo bucle para que se ejecute el vector SUMA entre ellos y que se acumula en SUMA de nuevo. Al salir del bucle, tenemos el resultado esperado.

El vector de datos se puede trabajar de la misma manera como trabajamos con los datos del mismo tipo vector: como cada vector de este espacio es un entero, estos pueden sumarse, restarse, multiplicarse, etc... entre sí y con variables y datos de tipo entero. Si, por ejemplo, el valor NUMERO [1] fuera 10, y el NUMERO [2] fuera 20, lo que haríamos es:

**SUMA = NUMERO [1] + NUMERO [2]; {SUMA igual a 30}**

**SUMA = NUMERO [1] - NUMERO [2]; {SUMA -10 es igual a}**

**SUMA= NUMERO [2] / NUMERO [1]; {SUMA es igual a 2}**

**SUMA= (NUMERO [2] / 5)*NUMERO [1]; {SUMA es igual a 40}**

Lógicamente, si se asocia un valor diferente a la misma posición de un vector, este valor se sustituye:

**NUMERO [1] = 10;**

**NUMERO [1] = 20;**

El valor actual de NUMERO [1] es 20.

**Arrays**

En el ejemplo anterior trabajamos con el concepto de los vectores unidimensionales, es decir, las variables que pueden contener un solo tipo de datos bajo un mismo nombre. Otro concepto importante asociado son los vectores multidimensionales, que son similares a los vectores, con la excepción de establecemos el número de dimensiones que tienen. Una matriz es un vector multidimensional de 2 dimensiones (filas y columnas) que puede almacenar variables del mismo tipo. Por ejemplo, cuando se declara lo siguiente:

**NUMERO: vector [3]: integer;**

Acaba de crear en la memoria del ordenador tres espacios con el nombre de NUMERO. A continuación podemos ver la representación visual al asignar los valores 3,2,1:

Procure que las matrices sean necesarias cuando tenemos que combinar los datos internos con respecto a dos variables. Si, por ejemplo, necesitamos saber el nombre de un cliente, su crédito, su débito y el saldo, tendremos una matriz con valores como la que vemos a continuación:

| Nombre | Crédito | Débito | Saldo |
|--------|---------|--------|-------|
| María | 5.00 | -10.00 | -5.00 |
| José | 10.00 | 5.00 | 5.00 |
| Antonio | 20.00 | 2.00 | 18.00 |

| | | | |
|---|---|---|---|
| Francisca | 30.00 | 3.75 | 26.25 |
| Tomás | 10.00 | 10.00 | 0.00 |

Vemos la relación entre dos variables en cualquier espacio de la matriz: si queremos saber el saldo de Francisca, debemos ubicarnos en la línea del Nombre Francisca y cruzarla con la columna Saldo donde poder encontrar el valor 26,25.

La sintaxis para crear una matriz tiene la siguiente forma:

**nombre de la matriz: array [número de filas] [número de columnas]: tipo de datos;**

Cuando el número de líneas contiene el número de filas que permite la matriz, el número de columnas contiene el número de columnas permitidas. La cantidad de posiciones de almacenamiento será igual a las filas x las columnas. Para acceder a los datos en una matriz, solamente tenemos que mencionar el nombre de la matriz, con el número de línea y la columna específica. En el caso de Francisca, para conocer su saldo tendríamos que poner:

**CLIENTES [3] [2];**

Las operaciones y los tratamientos realizados con matrices son de la misma clase que los realizados con los vectores. Cualquier dato de un array puede trabajar con los datos del mismo tipo de datos, y se puede ejecutar una gran variedad de estructuras de procesamiento y la repetición.

# CREACIÓN DE REGISTROS Y FUNCIONES

## *Registros o Estructura*

Hasta ahora hemos visto como declarar variables de tipos diferentes. Cuando creamos variables comunes, el ordenador colocará estas variables en cualquier espacio de memoria sin tener que preocuparse de colocarlas con un cierto orden, que puede afectar al rendimiento de su programa en muchos casos. Por ejemplo, un registro de los alumnos con NOMBRE, tenga en cuenta que para encontrar un NOMBRE y su ubicación en la memoria, la búsqueda de la calificación asociada puede llevar mucho tiempo, ya que puede estar en cualquier posición de la memoria del ordenador. Para mejorar este proceso, podemos crear estructuras de datos que almacenan en su interior variables de distintos tipos en posiciones similares. Esto se llama un registro o estructura, una característica que permite la creación de diferentes tipos de variables en el mismo bloque de memoria de la computadora y aumentando así la velocidad de acceso.

Su sintaxis es:

**Nombre del registro: registro**

**campos que componen el registro**

**fin_registro;**

Para acceder a cualquier parte del registro, se utiliza la sintaxis:

**Nombre la Registro. Variable interna**

Como ejemplo, el algoritmo creará estudiante y la calificación, con el expediente académico del estudiante que tiene las variables NOMBRE y CALIFICACION, y obtener un nombre de alumno y una calificación, y luego mostrar los datos de registro en la pantalla:

**Algoritmo AlumnoCalificacion**

**Comienzo**

**ESTUDIANTE: registro**

**NOMBRE: Texto (60);**

**CALIFICACIONES: real;**

**fin_registro**

**WRITE "Introduzca el nombre del estudiante";**

**READ ALUMNO.NOMBRE;**

**WRITE "Introduzca la calificación del estudiante";**

**READ ALUMNO.CALIFICACIONES**

**WRITE "El Estudiante: " ALUMNO.NOMBRE "ha sacado la siguiente calificación:" ALUMNO.CALIFICACIONES;**

**Fin**

Como vimos en el ejemplo anterior, para declarar el expediente del ESTUDIANTE y sus variables internas, creamos una "plantilla" de espacio de memoria consecutiva que siempre mantendrá estos dos datos juntos. Esto, además de facilitar el acceso a la información permite la creación de nuevos tipos de variables. A menudo, los tipos básicos de variables utilizadas no son suficientes para resolver un problema de un algoritmo o incluso nos llevan a un nivel de dificultad superior. Para crear un tipo de registro, sólo tiene que colocar la palabra clave antes del nombre del tipo de registro, siendo su sintaxis como vemos a continuación:

**Tipo NOMBRE_del_registro: registro**

**{Los campos que componen el registro}**

**fin_registro;**

Como ejemplo, imaginemos que queremos crear 500 variables de tipo ESTUDIANTE. Use el registro que facilitará nuestra creación, ya que podemos crear un registro básico llamado ESTUDIANTE, que utilizaremos como un tipo variable. Después crearemos un vector de tipo ESTUDIANTE que llame a LISTAALUMNO con un tamaño de 500 para acceder a cualquier variable interna de estos 500 estudiantes sin dificultad, usando solamente el nombre de la variable que asociamos y variable interna. Vamos a implementar un algoritmo que realiza esta función, y luego hará el promedio de las calificaciones introducidas presentándolas siempre que se insertan un nuevo nombre y calificación:

**Algoritmo AlumnoCalificacion**

**Comienzo**

**Tipo ESTUDIANTE: registro**

**NOMBRE: Texto (60);**

**CALIFICACIONES: real;**

**fin_registro**

**LISTAALUMNOS: vector [500]: ESTUDIANTE;**

**CONTENIDO: integer;**

**para INDEX=1 hasta INDEX<=500 paso 1 haga**

**WRITE "Introduzca el nombre del estudiante";**

**READ LISTAALUMNOS. NOMBRE [INDICE];**

**WRITE "Leer la nota de estudiante";**

**READ LISTAALUMNOS. CALIFICACIONES [INDICE];**

**SUMA = SUMA + LISTAALUMNOS. CALIFICACIONES [INDICE];**

**WRITE "El promedio actual es:" SUMA / INDEX;**

**fin_para;**

**Fin**

## *Funciones*

Cuando tenemos un pedazo de algoritmo que se repite con frecuencia o que puede ser utilizado por otros algoritmos, podemos modularizar su uso con el fin de usarla en caso necesario. En este caso, creamos una función que es un trozo de un algoritmo que escribimos separado de nuestro algoritmo normal. Su estructura es:

**Función Nombre de la función (tipo de datos de entrada): tipo de retorno**

**Inicio**

**Comandos**

**Retorno Datos de salida;**

**Fin**

En la primera línea, después del nombre que elegimos para la función, debemos decir los datos que la función recibirá para poder procesar con sus respectivos tipos. Si usted no recibe datos, podemos descartar su uso. Pero si tenemos el tipo de retorno, que es el tipo de datos que la función devolverá. Si tenemos la misma estructura de los algoritmos, con la única excepción del Retorno. Este comando devuelve información o variable procesado por la función, que debe ser del mismo tipo declarado en la primera línea de la función. Si no devolvemos nada, ¿Por qué no omitimos su uso?. Para entender mejor esto, vamos a crear una función llamada Suma, y la usaremos en nuestro algoritmo:

**Función Suma (numero_1, numero_2: integer): integer**

**Comienzo**

**SUMA: integer;**

**SUMA = numero_1 + numero_2;**

**SUMA Retorno;**

**Fin**

Acabamos de crear una función llamada Suma, que toma dos números enteros. SUMA creó una variable que recibirá la suma de los dos números. La suma se realiza y la variable SUMA asociada, es devuelta por la función donde se necesita. La variable de retorno SUMA es de tipo entero, como mencionamos en :integer de la primera línea.

Usted puede colocar en la entrada tantas variables que desee y los tipos que necesite separados por ; cuando existen variables con diferentes tipos. Por ejemplo, si queremos crear una función que toma NOMBRE CALIFICACIONES del estudiante, podemos usar:

**Función del Estudiante (NOMBRE: integer CALIFICACIONES: real): integer;**

¿Como utilizamos una función dentro de un algoritmo? Escribimos la llamada de la función después del algoritmo, usando la sintaxis:

**FunctionName (enviar datos);**

Podemos trabajar los resultados devueltos por una función que no se asocia a ninguna variable. También podemos crear tantas funciones como queramos usar en nuestro algoritmo. Para entender la idea, creamos un algoritmo que toma dos números introducidos por el usuario, se pasan a una función y se obtiene un retorno de esta función:

**Algoritmo CalcularSuma**

**Inicio**

**Numero1, numero2, RESULTADO: integer**

**WRITE "Introduzca el primer número";**

**READ numero_1;**

**WRITE "Introduzca el segundo número";**

**READ numero_2;**

**RESULTADO = Suma (numero_1, numero_2) { función de llamada}**

**WRITE "La suma es:" RESULTADO;**

**Fin**

**Función Suma (NUM1, NUM2: integer): integer**

**Comienzo**

**SUMA: integer;**

**SUMA = NUM1 + NUM2;**

**SUMA Retorno;**

**Fin**

Utilizamos un ejemplo muy básico para demostrar el funcionamiento de una instancia de una función. En la mayoría de los lenguajes de programación, las funciones que cree se almacenan en archivos diferentes a partir del código principal. Esto permite componer el código para que se pueda utilizar en cualquier programa que sea necesario volver a escribir el mismo código cada vez que queremos crear una nueva biblioteca para nuestros programas. Por ejemplo, si necesitamos un algoritmo para calcular la tasa de interés de un determinado valor, en lugar de tener que volver a escribir todo el algoritmo necesario para calcular, podemos escribir la función una vez, y llamamos a todos los algoritmos que necesitamos de ese código. Esto permite reducir significativamente la construcción de algoritmos, y facilita la actualización y el mantenimiento.

**Paso de parámetros por valor, referencia y dirección**

Cuando pasamos los valores de los parámetros de la función anterior, lo que hacemos es copiar los valores de la función. En el caso mencionado anteriormente, cuando llamamos a la función Suma del algoritmo principal, hacemos una copia de los valores de las variables numero_1 numero_2 y NUM1 y NUM2, respectivamente, para realizar la operación, además de la función. Esta impresión y las operaciones realizadas en la función, sin embargo, no modifican los valores y numero_2 numero_1. Este tipo de llamada de función que sólo copia los valores se llama Paso de Parámetros por Valor.

Algunos lenguajes, sin embargo, nos permiten realizar otros tipos pasos de parámetros. El Paso de parámetros por referencia difiere de la adoptada por valor, no tiene una copia del valor de la función, sino que pasa la dirección de memoria de la variable con la que desea trabajar dentro de nuestra función. Para poder trabajar con este tipo de pasos de parámetros usaremos dos nuevos tipos de variables: los punteros y las referencias.

Llamamos puntero a una variable que "apunta" a una dirección de memoria de otra variable. Por lo tanto, el puntero no almacena un valor en sí mismo, sino la "dirección" del valor que es deseado. Para crear una variable de tipo puntero, utilizamos todas las reglas ya aprendidas de las variables, pero vamos a utilizar * antes del nombre de la variable. Así, si escribimos, por ejemplo: *1 ya no crean un espacio de memoria llamado 1, sino un puntero llamado *1 que debe apuntar a la dirección de memoria de cualquier variable.

Sin embargo, en el enfoque de acceder a la dirección de memoria de una variable no es suficiente sólo con usar su nombre, ya que traería su valor y no su dirección. Para acceder a su dirección, tenemos que utilizar & antes el nombre de la variable. Así que si queremos acceder a la dirección de una variable denominada RESULTADO, usaremos &RESULTADO.

Ahora podemos escribir el código de Suma usando estos nuevos conocimientos:

**Algoritmo CalcularSuma**

**Comienzo**

**Numero1, numero2, RESULTADO: integer**

**WRITE "Introduzca el primer número";**

**READ numero_1;**

**WRITE "Introduzca el segundo número";**

**READ numero_2;**

**RESULTADO = Suma (&numero_1, &numero_2) {llamada a la función. Paso de dirección de las variables}**

**WRITE "La suma es:" RESULTADO;**

**Fin**

Función Suma (*NUM1, *NUM2: integer): integer {ahora tenemos dos punteros que tienen acceso a las variables del código de main}

**Comienzo**

**SUMA: integer;**

**SUMA = *NUM1 + *NUM2;**

**SUMA Retorno;**

**Fin**

En este nuevo código, *NUM1 y +NUM2 tienen las direcciones &numero1 y &numero2, para acceder a estas variables para realizar operaciones dentro de la suma. Sin embargo, si cambiamos los valores que están en el contenido *NUM1 y *NUM2 también modifican los valores de numero1 y numero2.

# LA RECURSIVIDAD

La recursividad en la lógica de programación es la capacidad de una determinada parte de código para llamarse a sí mismo. Esto se hace porque muchos problemas complejos pueden ser resueltos mediante el uso de la misma tarea repetida varias veces con el fin de disminuir la complejidad involucrada.

En general, la recursividad se implementa mediante una función que se llama a sí misma, pasando los nuevos parámetros según su conveniencia. Llamamos a la función de la primera vez en cualquier parte de nuestro código principal de la primera vez y después de esa primera llamada, la recursividad se inicia. Para implementar la recursividad debemos tener cuidado, ya que debemos introducir una condición de parada, es decir, cuando la recursión debe dejar de ser ejecutada. Si no se establece una condición de parada, la recursividad se realiza de forma infinita.

Por ejemplo, vamos a crear una función que se llama a sí misma, llamado Factorial:

**Función Factorial (NUMERO: integer): integer**

**Comienzo**

**Si NUMERO <= 0 entonces {Condición Parar}**

**Retorno Uno;**

**Pero**

**Retorno * Factorial NUMERO (NUMERO-1);**

**Fin;**

**Fin**

Ahora haremos nuestro código principal que llamará a la primera función anterior pasando un valor inicial como parámetro:

**Algoritmo HacerRecursion**

**Inicio**

   **NUMERO: toda**

   **WRITE "Entre el número de factor de:";**

   **READ NUMERO;**

   **WRITE Factorial (NUMERO);**

**Fin**

Para crear el código de nuestro programa, se le pedirá al usuario que introduzca un número, que se pasará como parámetro a la función que se ejecuta la primera vez. Imagínese que el usuario introduzca 5. La Función factorial llamará y pasará el valor de 5. Como 5 no es menor que o igual a 0, la función devolverá a donde se llevará a cabo la siguiente operación 5*factorial(4). En este caso, la función es llamada de nuevo, pero ahora pasa un valor de 4.

Como 4 es mayor que 0, la función que devolverá tendrá la siguiente forma 5*4*factorial(3) (5 del último procesamiento, el 4 actual y la nueva llamada a la función con la cantidad de procesamiento 3). Esto se realiza de forma consecutiva para formar 5*4*3*2*factorial(1). En este paso, cuando se invoca la función y se pasa el valor 1, la función que realiza la primera parte del SI, devuelve el valor 1. En este caso, la es forma 5*4*3*2*1. Para devolver el valor 1, la llamada se rehace en orden inverso: 1 multiplica 2, el resultado se multiplica por 3, el resultado se multiplica por 4 y el resultado se multiplica por 5. El resultado final (120) es devuelto por la última función con la que el algoritmo original llamó a la función. Después, en WRITE Factorial (NUMERO); aparece en la pantalla el valor 120.

Tipos de recursividad

Hay dos tipos de recursión:

Recursividad directa: el fragmento de código se llama a sí mismo.

Repetición indirecta: El fragmento de código llama a un fragmento de código B, que a su vez llama al fragmento A.

# CLASIFICACIÓN DE LOS ALGORITMOS

Hasta ahora hemos visto la mayor parte de todas las estructuras esenciales y algoritmos para la programación. Continuando con su aprendizaje en los lenguajes de programación que usted haya elegido, esto mejorará los paradigmas del lenguaje y otras acciones que no son parte de la lógica de la programación común, pero es útil para diversas necesidades como el acceso a bases de datos, por ejemplo. Pero usemos todo este conocimiento usando las estructuras básicas aprendidas. Continuando con nuestros estudios, vamos a saber ahora lo que llamaremos estructuras de datos.

Hasta ahora hemos visto como estructurar y organizar los algoritmos, pero las dudas siempre aparecen a la hora de desarrollar: ¿Cuándo utilizaremos un algoritmo para una cosa y no a la inversa? ¿Como organizar un algoritmo con el fin de tener un mejor rendimiento que otro algoritmo? Veremos que al escribir un algoritmo: hay que ser conscientes de como optimizarlo con el fin de hacerlo más sencillo, eficiente y elegante.

La primera cosa que tenemos que entender para mejorar un algoritmo es como los datos de entrada van a estar organizados: imaginemos que tenemos que encontrar un libro en una biblioteca. Si se organizan los libros, ¿será mucho más fácil encontrar este libro en una biblioteca sin fin?, no ¿verdad?. Del mismo modo, tenemos la capacidad de trabajar con conjuntos (estructuras) de datos de tal manera que se minimice el procesamiento de nuestros algoritmos.

Si usamos un tipo de estructura de datos conocida como vectorial. Un vector es un conjunto de datos del mismo tipo están bajo un nombre y son manejados por un índice.

Cuando declaramos un array, estamos declarando un conjunto de espacios consecutivos en la memoria con el mismo nombre, y movemos estos espacios mediante un índice. Ahora veremos algunas técnicas que nos permiten organizar los vectores y las matrices, con el fin de reducir posteriormente el tiempo de procesamiento para la búsqueda, inserción y eliminación de elementos.

## *Ordenación*

Ordenar o clasificar es poner los elementos de un conjunto de información en un orden predefinido que sea relevante para el procesamiento de un algoritmo. Por ejemplo, si queremos organizar los libros en orden alfabético, o bien ordenar los libros en pares o impares, en números en orden descendente, etc, cuando pedimos los elementos deseados. Cuando se implementa un algoritmo de clasificación, tenemos a nuestra disposición varios modelos que satisfacen las necesidades específicas. Con un poco de trabajo, el estudiante puede ver y estudiar estos algoritmos                                                                   en http://en.wikibooks.org/wiki/Algorithm_implementation/Sorting.

El principio de reconocer que método de clasificación se debe utilizar en un caso concreto es saber sobre qué tipos de datos vamos a estar operando, y cual es su complejidad computacional, es decir, que algoritmo tiene un rendimiento medio mejor o peor para trabajar con estos datos.

A continuación vamos a ver tres algoritmos básicos: ordenación por Selección, ordenación de Burbuja y ordenación por Inserción. Usaremos como base que todas tienen la misma necesidad: tenemos una serie de 50 números enteros, debemos ordenar en orden ascendente. Usted encontrará que en muchos casos, se utilizan algoritmos más complejos que otros para realizar la misma función. Pero no se deje engañar por la cantidad de código: a veces, que permite una reducción en el coste de procesamiento de un algoritmo.

### Ordenar por Selección

La ordenación por selección es un modelo de algoritmo que trabaja con un conjunto de datos, seleccionando el valor más alto o el más bajo (dependiendo del orden) y pasando al primer elemento del conjunto. Entonces, este hace con esto con el segundo valor mayor o menor pasando hacia la segunda posición, y así en adelante, hasta los dos últimos.

**NUMEROS: vector [50]: integer;**

**I, J, MINIMO, TEMPORAL: integer;**

**para I = 1 hasta I <50 pasando 1 hacer**

**MINIMO = I;**

**para I = J+1 hasta J <50 pasando 1 hacer**

**si NUMEROS[ J ]< NUMEROS[MINIMO] entonces**

**MINIMO = J;**

**VECTOR TEMPORAL = [MÍNIMO];**

**NUMEROS [MÍNIMO] = VECTOR [I];**

**NUMEROS [I] = Temporal;**

**fin;**

**fin_para;**

**fin_para;**

**Ordenar por Burbuja**

El ordenamiento de burbuja es un algoritmo de ordenación cuya idea principal es comparar dos elementos y cambiarlos de posición hasta que los elementos de mayor o menor valor llegan al final del conjunto de datos. Como el intercambio se lleva a cabo de par a par, de los elementos más grandes o más pequeños, entonces, este algoritmo requiere una condición de parada que determina cuando el algoritmo se deberá detener, por lo general una variable que almacena si hubo o no hubo un intercambio en cada iteración del bucle de ordenación.

**INTERCAMBIO: lógica, I,**

**AUXILIAR: integer;**

**NUMEROS: vector [50]: integer;**

**INTERCAMBIO = 1;**

**mientras INTERCAMBIO == 1 hacer**

**INTERCAMBIO = 0;**

**para I de 1 hasta 50 hacer**

**si VECTOR [I]> NUMEROS [I 1] entonces**

**NUMEROS AUXILIARES = [I];**

**NUMEROS [i] NUMEROS = [I+1];**

**NUMEROS [I +1] = auxiliar;**

**INTERCAMBIO = 1;**

**fin;**

**fin_para;**

**fin_mientras;**

**Ordenar por Inserción**

El método de ordenación por inserción es un algoritmo de ordenación cuyo objetivo es recorrer una colección de valores de izquierda a derecha, ordenando los elementos procesados a la izquierda.

**NUMEROS: vector [50]: integer;**

**I, J, VALOR: integer;**

**para j = 2 hasta 50 pasando 1 hacer**

**VALUE = NUMEROS [J];**

**I = J-1;**

```
mientras I> 0 & A [ I ] > VALOR hacer

NUMEROS [I + 1] NUMEROS = [I];

I = -1

NUMEROS [I 1] = valor;

fin_mientras;

fin_para;
```

# ALGORITMOS DE BÚSQUEDA

En el capítulo anterior, vimos algunos algoritmos que tienen como objetivo facilitar la organización de los datos con el fin de facilitar las operaciones sobre estos datos. Trabajamos con los vectores, ahora será capaz de aplicar con éxito estos algoritmos a cualquier colección de datos que están disponibles en los lenguajes de programación: arrays, listas, objetos, entre otros. En este capítulo seguimos los dos métodos de búsqueda más comunes, es decir, como se encuentra un cierto valor en una recopilación de datos. Hay muchos otros, y más eficiente para otras necesidades específicas, se puede ver en http://en.wikipedia.org/wiki/Category:Search_algorithms.

## *Búsqueda Lineal*

En una búsqueda lineal analizamos los elementos de una colección de uno en uno hasta que encuentre el valor deseado. En este tipo de algoritmo, lo mejor que podemos esperar es que el valor se encuentre en la primera posición, pero si tenemos una colección de datos muy amplia, si el valor se encuentra en la última posición, tendrá un coste de procesamiento muy grande, siendo necesarios n procesamientos, donde n es el número de elementos de la colección. Supongamos que tenemos un vector de 50 posiciones y queremos encontrar un valor introducido por el usuario, su algoritmo se puede escribir:

**NUMEROS: vector [50]: integer;**

I, NUMEROBUSCADO: integer;

WRITE "Introduzca un número";

READ NUMEROBUSCADO;

Para I = 0 hasta I = 50 pasando 1 hacer

si NUMEROBUSCADO== NUMEROS [ I ] entonces

WRITE " Fueron encontrados" NUMEROS [ I ] "en la posición:" I;

I = 51; {obliga la detención del bucle para}

fin;

fin_para;

Vemos en este caso que el algoritmo tiene un conjunto de números, y buscamos un número, el mejor resultado esperado en este proceso será el número de la primera posición. Esto hará que el contenido del bucle sólo se recorra una vez. Para cada posición más que el número, el bucle se recorre n veces. Si está en la última posición, el bucle se recorrería 50 veces. Esto demuestra la importancia de analizar siempre un conjunto de datos e identificar los mejores algoritmos de ordenación y de búsqueda: si asociamos un tiempo en el bucle para como un retardo de 1 segundo, en el peor de los casos se tardará más de 50 segundos. Si no le parece mucho tiempo, imagine esto en un vector con 50.000 valores diferentes. En este sentido, se puede entender el retraso en la ejecución de algunas aplicaciones, especialmente aquellas que utilizan bases de datos.

Podemos realizar una búsqueda como esta usando el comando MIENTRAS, por ejemplo. Lo que importa en la construcción de un algoritmo es su concepto: una forma de aplicación puede variar de acuerdo a la voluntad de los desarrolladores.

## *Búsqueda binaria*

La búsqueda binaria se basa en la idea de que la recogida de datos en la que se realizará la búsqueda está ordenada, por lo que siempre se recomienda utilizar algún algoritmo de ordenación si la colección no está ordenada de forma predeterminada. Esta divide la colección en dos partes, tomando el valor medio como una clave, que se compara con el valor introducido. Si no se encuentra el valor, comprueba si el valor introducido es mayor o menor que el valor buscado. Si es menor, la división busca en la primera mitad de la colección, sino en la posterior, dividiendo hasta alcanzar el valor esperado.

**NUMEROS: vector [50]: integer;**

**I, NUMEROBUSCADO, MINIMO, MAXIMO, MEDIO: integer;**

**WRITE "Introduzca un número";**

**READ NUMEROPROCURADO;**

**MINIMO = 1;**

**MÁXIMO = 50;**

**repetir**

```
MEDIO = (MAXIMO+MINIMO) / 2;

si NUMEROBUSCADO> NUMEROS [MEDIO] entonces

MINIMO = MEDIO + 1;

sino

MAXIMO = MEDIO - 1;

Para (NUMEROBUSCADO == NUMEROS [MEDIO]) | |
(MINIMO> MAXIMO);

fin_repetir;

Si NUMEROBUSCADO == NUMEROS [MEDIO] entonces

WRITE "Fueron encontrados" NUMEROS [I] "en la posición:" I;

sino

WRITE "No se ha encontrado el valor introducido en el
vector";

fin;
```

# PROGRAMACIÓN LÓGICA: CONCLUSIÓN

Los conceptos aprendidos en los capítulos anteriores sobre la programación lógica puede parecer limitada, pero es esencial para entender cómo programar cualquier lenguaje de programación. Sin embargo, sabemos que todos los conocimientos son necesarios para ser un buen desarrollador: Hay un sinfín de posibilidades que se pueden realizar a través de los lenguajes de programación, tales como el acceso a la base de datos, interfaz gráfica de usuario, entre otros, que vimos en este libro, que no forma parte de la lógica de programación básica. Pero no nos engañemos: todos estos conceptos los aprenderá, cuando comience con la programación lógica a medida que vaya desarrollando, en los lenguajes estructurados, las cosas pueden ser más complejas.

Con el aprendizaje en la lógica de programación, consigues la diferencia que distinguirte entre un verdadero desarrollador y los desarrolladores "Google": de los que sólo saben copiar el código de otras personas en Internet, pero no entienden cómo funciona el código. A día de hoy, en las organizaciones es muy importante: puede que no sepa el lenguaje utilizado por una empresa, pero si usted ya tiene las herramientas teóricas para resolver los problemas, comprenderá un lenguaje de programación mucho más rápido que una persona que no tenga estos conocimientos. Esto es debido a que un lenguaje de programación es una herramienta, no un fin. "Los expertos algún lenguaje de programación" pueden saber programar en un lenguaje, pero muchos sen pierden cuando se enfrentan un problema diferente de su día a día y se encuentran con que tienen sus conocimientos limitados a un lenguaje de programación.

Ahora usted tiene que decidir las formas de continuar mejorando: un desarrollador tiene varias opciones en la forma de proceder en su aprendizaje, y siempre debe de ir acompañado de sitios web, libros, foros, documentación y otros medios de aprendizaje, pero más allá de todo esto, lo que debe tener es un espíritu curioso: ningún desarrollador sabe todo sobre de un lenguaje de programación, pero usted debe saber lo que "quiere hacer". En este sentido, debe saber explorar y combinar las distintas opciones, y no tenga miedo de usar Google, pero no caiga en la trampa de simplemente copiar la creación de otra persona sin entenderla.

A continuación se presentan algunas opciones de caminos a seguir en el desarrollo:

- Desarrollo *Desktop*: el *software* de *escritorio (desktop)* es el nombre que damos a l *software* que se ejecuta en la máquina del usuario (es decir, la computadora de escritorio), a diferencia del software web que se ejecuta en un servidor central. Para trabajar en este segmento, se recomienda una mejora en la programación lógica centrada en programación orientada a objetos, que es un paradigma que tiene como objetivo mejorar, facilitar y reducir el código de producción. Por otra parte, para la mayoría de las aplicaciones actuales, el conocer los conceptos de bases de datos y de cómo conectar la aplicación a una base de datos es esencial. La recomendación para aquellos que quieran seguir este camino son los lenguajes: Java, C, Visual Basic y Delphi.

- Desarrollo *Mobile*: son las aplicaciones que se ejecutan en los dispositivos móviles tales como teléfonos móviles, *smartphones*, *tabletas* y similares. En general, estas aplicaciones requieren un conocimiento profundo del desarrollo de la arquitectura que tiene un dispositivo móvil ya que tiene menor capacidad de memoria y de procesamiento de una computadora ordinaria. Además, los elementos tales como la facilidad de uso son importantes porque un dispositivo móvil es más pequeño y no tiene accesorios para su manipulación como son los *ratones* y periféricos similares. Los lenguajes recomendados para estudiar son el AndroidSDK, Java ME, Python y Objective-C.

- Desarrollo *web*: el desarrollo web implica tanto a las aplicaciones internas de una organización (como una intranet corporativa) como a las aplicaciones para Internet. En este caso, además de los conocimientos mencionados en el desarrollo de escritorio, se recomienda estudiar redes de computadoras, con especial énfasis en los protocolos y en el modelo cliente-servidor, y el estudio de los lenguajes de marcado ya que los diferentes lenguajes de programación no especifican como representarlo gráficamente, pero tienen la necesidad de presentar la información que procesan. En estos casos, se requiere un aprendizaje de HTML y CSS. Los lenguajes de programación recomendados son PHP, Javascript y ASP.Net.

- Desarrollo *scripts*: este segmento es similar al segmento de escritorio, pero el énfasis no está en las aplicaciones visuales, sino en los scripts de creación para automatizar diversas necesidades del día a día. Los códigos Scripts pueden ser llamados por un software común o se pueden ejecutar de forma independiente para simplificar muchas de las necesidades que con un software estándar se realizaría a un coste mucho mayor. Las recomendaciones son las mismas que las usadas en el escritorio y en el desarrollo web, dependiendo del escenario en el que desee ejecutar las secuencias de comandos y lenguajes de programación recomendable son Python, Lua, y Ruby, o lenguajes de script de shell para Unix/Linux y archivos por lotes de DOS/Windows, que son herramientas para automatizar muchas de las funciones de estos sistemas operativos sin necesidad de utilizar lenguaje de programación externo.

Además, con el conocimiento Ingeniería del Software le permitirá no sólo planificar su software, sino poder establecer un conjunto de técnicas para diseñar, construir y probar sus programas con el fin de reducir el tiempo de desarrollo y tener una buena calidad en el producto final. Hoy, con la aplicación de software en las áreas críticas de la vida humana, esta calidad no sólo es deseable, sino necesaria.

# INTRODUCCIÓN AL DISEÑO DE SOFTWARE

Antes de comenzar el estudio y la práctica en la disciplina de la Arquitectura de Software, es apropiado que sepamos donde encaja a lo largo del Cuerpo de Conocimiento en Ingeniería de Software (Software Engineering Body of Knowledge). El diseño arquitectural, o proyecto de la arquitectura, es la primera de las dos actividades que componen el área de conocimiento de Diseño de Software (Software Design Knowledge Area). La actividad siguiente es el diseño detallado. Por ser una actividad de Diseño, el diseño arquitectural se hace con una mezcla de conocimiento y creatividad. Como la creatividad es algo que se obtiene a través de la experiencia, no es nuestro objetivo enseñarla. Sin embargo, buscamos a lo largo de ese libro transmitir el conocimiento necesario para la creación de arquitecturas de sistemas de software.

Ciertamente, una base conceptual en Diseño de Software es necesaria para una mejor comprensión de ese libro. De esa manera, este capítulo busca fundamentar el conocimiento del lector en esa área, de forma que su importancia y sus beneficios proporcionados sean reconocidos. En otras palabras, ese capítulo hará que el lector sea capaz de:

- Reconocer los conceptos básicos de diseño de software

- Describir problemas de diseño a través de sus elementos fundamentales

- Identificar principios de diseño de software y explicar sus beneficios

- Diferenciar diseño de bajo-nivel (detallado) de diseño de alto-nivel (arquitectural) y saber cuándo aplicar cada uno.

# DISEÑO DE SOFTWARE

La relevancia de proyectarse – o hacer diseño de software – puede ser explicada por la complejidad creciente de los sistemas de software. Debido a esa complejidad, el riesgo de construirse un sistema que no alcance sus objetivos es eminente.

Para evitar tal riesgo, la práctica común de cualquier ingeniería para construir un artefacto complejo, un sistema de software complejo en nuestro caso, es construirlo de acuerdo con un plan. En otras palabras, proyectar el sistema antes de construirlo. El resultado de esa actividad, también conocida como actividad de diseño, es también llamado diseño. El diseño facilita dos actividades que son esenciales en el ciclo de vida de un sistema de software. Primero, él posibilita la evaluación del sistema contra sus objetivos antes aún de ser construido. De esa manera, aumenta la confianza de que el sistema construido, de acuerdo con el diseño, alcanzará sus objetivos. Obviamente, una vez que en ese punto está sólo el modelo del sistema – el diseño –, la evaluación no será completa, pero eso tampoco quiere decir que ella no ofrezca resultados importantes que lleven al éxito del sistema. De esta forma, otra actividad beneficiada por el diseño es la propia construcción del sistema, dado que también sirve como guía para la implementación del software.

A continuación, mostramos un ejemplo de como el diseño permite la evaluación del software. Se muestra parte de la primera versión del diseño de un sistema distribuido de almacenamiento, el HBase y, a través de una breve evaluación de ese diseño, observamos una grave limitación del software.

**EJEMPLO**: El HBase es un sistema de almacenamiento distribuido. Eso quiere decir que los datos sometidos a él no serán guardados en un único servidor, sino en varios. De forma simplificada, el diseño del HBase define dos tipos de entidades en el sistema: el data nodo, que es el subsistema que almacena los datos, y el master nodo, que es el subsistema que sabe en que data nodos los datos fueron escritos y pueden ser recuperados. En la primera versión del HBase, sólo existía un master nodo que coordinaba todos los data nodos. Así, para recuperar o escribir datos en el HBase, un cliente realizaba los siguientes pasos: primero, el cliente se comunicaba con el master nodo a fin de conseguir, de acuerdo con una clave, la dirección del data nodo en que él puede realizar la operación deseada (lectura o escritura). Enseguida, el master nodo, que coordina donde los datos deben quedar, devuelve la dirección del data nodo que debería poseer los datos para la referida clave. A partir de ahí, el cliente, ya con la dirección, se comunicaba directamente con el data nodo y realizaba la operación deseada (escritura o lectura).

Si evaluáramos este diseño, podemos percibir dos características del HBase. La primera, es que no adopta el uso de un cliente flaco (thin client). Con eso, la implementación y configuración del cliente se hace más compleja, una vez que el cliente necesita conocer el protocolo de escritura y lectura del HBase, además de necesitar acceder tanto al master nodo como a los data nodos. Esto dificulta el desarrollo, la operabilidad y la eventual evolución del software, una vez que los cambios en el protocolo afectan a clientes y a servidores. Además de eso, por poseer sólo un master nodo, la funcionalidad del HBase queda condicionada a su disponibilidad. Finalmente, si el master nodo no es accesible, ningún cliente podrá leer o escribir en el sistema, lo que lo hace un punto único de fallos.

## Que es el Diseño de Software

Para definir el diseño de software, algunos autores lo hacen en dos sentidos distintos: cuando el diseño de software es usado como producto y cuando es usado como proceso. Cuando es usado en el primer sentido, el término diseño de software indica el producto que emerge del acto (o proceso) de proyectar un sistema de software y siendo así algún documento u otro tipo de representación del deseo del director de proyecto (o diseñador). Ese producto es el resultado de las decisiones del diseñador para formar una abstracción del sistema que es deseado en el mundo real. Existen diversas formas de representar esa abstracción del sistema. Podemos citar, por ejemplo, dibujos usando cajas y flechas, textos descriptivos, o incluso el uso de lenguajes o herramientas creadas para este propósito, como lenguajes de modelado de software, redes, pseudocódigo, etc.

Por otro lado, cuando el término es usado en el segundo sentido, hacer diseño indica el proceso seguido para obtenerse un proyecto. Ese es un proceso que forma parte del proceso de las diversas partes interesadas en el desarrollo y que es orientado a los objetivos del software. Él debe ser realizado teniendo en mente el sistema y debe ser fundamentado en el conocimiento del diseñador sobre el dominio del problema.

A partir de la visión de diseño como artefacto, podemos

observar que él debe describir diversos aspectos del software para que, así, posibilite su construcción. Entre estos aspectos, están:

- la estructura estática del sistema, incluyendo la jerarquía de sus módulos;

- la descripción de los datos a ser usados;

- los algoritmos a ser usados;

- el empaquetamiento del sistema, en términos de como los módulos están agrupados en unidades de compilación; y

- las interacciones entre módulos, incluyendo las reglas de cómo ellas deben ocurrir y porque ocurren.

Podemos percibir que, a pesar de que los ejemplos anteriores describan sólo parte del diseño de dos sistemas, muestran buena parte de los aspectos que esperamos en el diseño de un software.

Por fin, citamos una definición de diseño que engloba todos estos aspectos:

*Definición* de diseño de software: *"es tanto el proceso de definición de la arquitectura, módulos, interfaces y otras características de un sistema como el resultado de ese proceso."*

# Características del Diseño de Software

Proyectar los diversos aspectos de un sistema de software es un proceso muy trabajoso. Sin embargo, puede proporcionar diversos beneficios.

*El diseño de software permite la evaluación previa.* Como desarrollar software cuesta tiempo y dinero, no parece sensato para alguien invertir sus recursos en el desarrollo de un sistema que no soluciona los problemas propuestos por los interesados. De esa manera, la evaluación previa del sistema se hace imprescindible para garantizar que este alcance los objetivos de esos interesados. Como el diseño describe diversos aspectos que estarán presentes en el sistema cuando este construido, permite ese tipo de evaluación. Además de eso, hacer el diseño de un sistema es, generalmente, más barato que construirlo.

**EJEMPLO**: Considerando un sistema y que uno de sus objetivos fuera la alta disponibilidad, podemos evaluar que el diseño presentado no sería la mejor solución para el objetivo propuesto. Eso ocurre porque su diseño posee un punto único de fallos, que es una característica indeseable para sistemas que buscan alta disponibilidad. Observe que no fue necesario tener el HBase desarrollado para conocer ese problema (en la época en que se implementaba tal diseño, poseía cerca de cien mil líneas de código y algunos años de desarrollo y, por lo tanto, no estaba siendo un software de desarrollo trivial), bastó sólo con estudiar su diseño.

*El diseño de software estimula el modelado.* Al modelar un sistema, el diseñador se concentra en el dominio del problema, ignorando temporalmente detalles menos significativos para alcanzarse la solución. Eso facilita la separación de la complejidad esencial de la complejidad accidental del problema. Y, como ya fue dicho por Fred Brooks en The Mythical Man-Month, esa separación es beneficiosa para la calidad final del sistema proyectado.

*El diseño de software envuelve planificación.* Una vez que el diseño sirve de guía para la construcción del sistema, el diseñador debe entonces anticipar lo que será necesario para ello. Esa planificación ayuda en la estimación de los diversos costes envueltos en el desarrollo del sistema. Entre esos costes, podemos citar:

- Cuánto tiempo durará todo el desarrollo,

- Cuántos desarrolladores serán necesarios para el módulo A,

- Si es comprado, cuánto costará el módulo B, y si será implementado,

- cuál será el coste total del desarrollo del sistema.

*El diseño de software facilita la comunicación*, pues contiene conocimientos sobre el sistema que puede ser grabado, transmitido y discutido entre los interesados. Un caso bien común es presentar un sistema a nuevos miembros de un equipo de desarrollo. Informaciones valiosas, como por ejemplo, cuáles son los principales módulos y sus diversos comportamientos, les pueden ser pasadas a través del diseño del sistema antes de mostrarles el código-fuente. De esa manera, esas informaciones de alto nivel de abstracción ayudarán a situarlos en el código posteriormente. Sin embargo, el diseño no sirve sólo a los desarrolladores. Un usuario del sistema puede buscar en el diseño informaciones de un nivel aún mayor de abstracción, como que funciones el sistema es capaz de realizar, o cual es el rendimiento de ellas.

Por otro lado, el diseño de software también demanda algunas observaciones importantes.

*El problema a ser resuelto puede no permanecer el mismo durante todo el proceso de diseño.* Mientras que el diseño es implementado, el cliente, que es uno de los interesados en que el software construido solucione un problema en particular, (1) puede cambiar de idea en cuanto a la naturaleza del problema; (2) puede haber descrito el problema incorrectamente; o incluso (3) puede decidir que el problema cambió o que ya fue resuelto mientras el diseño era hecho. Esas posibilidades no deben ser ignoradas durante el desarrollo, ya que ellas pueden ocasionar pérdida de tiempo y dinero durante la fase de diseño o incluso ocasionar el fracaso de la atención de las necesidades del cliente.

*Hay diferencias entre el diseño y el sistema construido a partir de él.* El diseño de un software es sólo un modelo, del cual el nivel de detalles puede no ser adecuado para ciertos tipos de evaluación. Por ejemplo, evaluar un diseño insuficientemente detallado puede llevar a resultados erróneos y, consecuentemente, hay sistemas que no resuelven los problemas de la forma esperada. Eso es común, por ejemplo, cuando por error del proyectista, detalles importantes para la evaluación no son incluidos en el diseño. El ejemplo que se indica a continuación ilustra un caso en que la evaluación inadecuada resultó en un producto con problemas.

**EJEMPLO**: Un caso conocido de producto con fallos por evaluación inadecuada es el caso de un sistema de control de armamento para cruceros de la marina norteamericana que fue desarrollado por la empresa Aegis. Tras ser desarrollado, el sistema de armamento fue instalado en el crucero U.S.S. Ticonderoga para la primera prueba operacional. Sin embargo, los resultados de la prueba demostraron que el sistema erraba en el 63% de los blancos escogidos debido a fallos en el software. Posteriormente, se descubrió que la evaluación y las pruebas del software de control fueron realizadas a una escala más pequeña que las condiciones reales y que, además de eso, los casos de prueba incluían una cantidad de blancos más pequeños que los esperados en el campo de batalla.

Una descripción más completa de este caso puede ser encontrada en el artículo The Development of Software for Ballistic-Missile Defense, de Lin.

Por más eficaz que un diseño sea, su implementación puede no serlo. El hecho de tener un diseño bien elaborado para un determinado software no garantiza que en la fase de implementación los desarrolladores sigan las reglas previamente especificadas y que el código producido refleje fielmente lo que fue especificado. Es ciertamente un gran problema en la construcción de sistemas de software, pues puede acarrear la construcción de un producto que no era el esperado, e incluso llevar al fracaso en su construcción. Felizmente, en la Ingeniería de Software existen dos mecanismos que buscan disminuir las divergencias entre diseño e implementación. El primer mecanismo se centra en la verificación de software, es decir, verificar si el software fue construido correctamente, si atendió a las especificaciones del diseño. Por otro lado, la validación de software está conectada a la satisfacción del cliente delante del producto, es decir, si el software construido es el deseado, si atiende a los requisitos del cliente.

# ELEMENTOS DEL PROCESO DE DISEÑO DE SOFTWARE

El proceso de diseño puede ser descrito como el proceso de elección de la representación de una solución a partir de varias alternativas, dadas las restricciones que un conjunto de objetivos envuelve. Ese proceso puede ser dividido en dos fases: diversificación y convergencia.

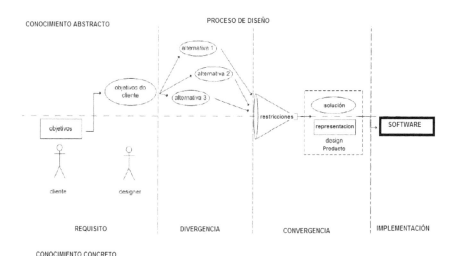

Es durante la fase de diversificación en que las alternativas son generadas. Por alternativas, no nos referimos necesariamente a documentos describiendo una posible solución, sino también a las ideas de solución. Esas alternativas son soluciones en potencia y son generadas/obtenidas a partir del conocimiento y de la experiencia del diseñador. Por su parte, en la fase de convergencia, el diseñador escoge la alternativa (o combinación de alternativas) que satisface(en) los objetivos esperados. La elección compondrá la solución que se sujetará a las restricciones impuestas por el dominio del problema. Esa solución será descrita por medio de alguna representación y esa representación escogida debe estar de acuerdo con sus propósitos: describir la solución y permitir la construcción del sistema que mejor alcanza los objetivos esperados.

Los elementos indicados en el párrafo anterior (objetivos, restricciones, alternativas, representaciones y soluciones), juntos, definen un esquema conceptual que nos ayuda a entender el proceso de diseño de software.

## Objetivos

El proceso de diseño tiene inicio con una necesidad. Si algo es proyectado, y consecuentemente construido, es porque el producto proveniente del proyecto suprimirá esa necesidad. En Ingeniería de Software, la necesidad parte del cliente que especifica cuáles son sus necesidades.

Cabe recordar que hay transitividad en las necesidades del cliente. Un ejemplo de cuando acontece es cuando clientes y usuarios del sistema son entidades diferentes. Entonces, entre las necesidades del cliente estarán las necesidades del usuario que deben ser atendidas. Y, por lo tanto, el software tendrá que atender y que satisfacer también a los objetivos del usuario, además de los objetivos del cliente y, por lo tanto, los objetivos a ser alcanzados por el sistema de software a ser proyectado. Así, el objetivo del proceso de diseño puede ser definido como:

*Aquello que se pretende alcanzar para resolver las necesidades del cliente.*

En diseño de software, los objetivos también son llamados requisitos. El diseño se preocupa con dos tipos de requisitos: requisitos funcionales y requisitos no-funcionales. Un requisito funcional especifica la funcionalidad que un sistema muestra.

*Requisito funcional* es la declaración de una función o comportamiento proporcionados por el sistema bajo condiciones específicas.

En otras palabras, lo que el sistema hace para alcanzar las expectativas del cliente. Por ejemplo, un requisito funcional de un programa de ordenación de números puede ser descrito como su capacidad de ordenar enteros; o, si estamos hablando de un sistema de información de una máquina para alquiler de películas en DVD, tenemos como requisitos funcionales, entre otros, la capacidad de buscar una película usando palabras-clave, la capacidad de realizar el alquiler de uno o varios DVDs, o la capacidad de realizar la devolución de uno o varios DVDs.

Por otro lado, un requisito no-funcional, especifica propiedades o características que el sistema de software debe mostrar diferentes de los requisitos funcionales. Los requisitos no-funcionales son atendidos por los atributos de calidad del software.

*Requisito no-funcional* es la descripción de propiedades, características o restricciones que el software presenta exhibidas por sus funcionalidades.

En otras palabras, es básicamente como el sistema funcionará. De vuelta al ejemplo del programa de ordenar números, un requisito no-funcional que podemos mencionar es el tiempo de ejecución de la función de ordenación del sistema (por ejemplo, es aceptable que el tiempo de ejecución del algoritmo de ordenación tenga una tasa de crecimiento de $0(nlogn)$, donde n es la cantidad de elementos a ser ordenados). Ya en el sistema de la máquina de alquiler de películas, un ejemplo de atributo de calidad es la exposición de algunas de sus funcionalidades vía Internet (Ej., búsqueda y reserva de películas a través de una Web puesta a disposición por el sistema).

Como los requisitos no-funcionales y los atributos de calidad tienen un papel importante en la arquitectura del software, les dedicaremos un capítulo, donde serán descritos, categorizados y ejemplificados en detalle.

## *Restricciones*

El producto de diseño debe ser viable. De esa manera, las restricciones son las reglas, requisitos, relaciones, convenciones, o principios que definen el contexto del proceso de diseño, de forma que su producto sea viable.

*Restricción de diseño* es la regla, requisito, relación, convención o principio que define el texto del proceso de diseño.

Es importante saber que las restricciones están directamente relacionadas con objetivos y que, en algunos casos, ellos son hasta intercambiables. Sin embargo, una vez que no son sólo los objetivos los que guían el proceso de diseño, es necesario diferenciar objetivos de restricciones. En otras palabras, un sistema puede tener objetivos claros, pero su diseño o algunas alternativas a él pueden ser inviables debido a las restricciones.

A continuación, presentamos dos ejemplos que nos ayudarán a entender el papel de las restricciones en el diseño. En el primer ejemplo, a pesar del sistema tener un objetivo claro, su diseño no es viable debido a una restricción.

**EJEMPLO**: Consideremos que un cliente desee un sistema con un único objetivo: el sistema debe decidir si un programa, cuya descripción es informada como parámetro de entrada, termina su ejecución o no.

Un diseñador inexperto puede hasta intentar encontrar alguna alternativa de diseño para ese requisito – pero podemos tener la certeza de que la tentativa será en vano. Como es bien conocido, hay una restricción teórica en Ciencia de la Computación, conocida como el problema de la parada, que impide el desarrollo de un programa capaz de alcanzar el objetivo propuesto. Como esa restricción impide la creación de cualquier alternativa de diseño que satisfaga el cliente, podemos observar que un diseño puede ser inviable aunque sus objetivos sean bien claros.

Ya en el segundo ejemplo, el sistema también tiene un objetivo claro. Sin embargo, una restricción hace su posibilidad de diseño inviable.

**EJEMPLO**: Un cliente especifica el siguiente requisito para su sistema de software: este debe ser capaz de leer datos de un lector de tarjetas de un modelo específico. Sin embargo, al estudiar el requisito y, consecuentemente, el lector de tarjetas, el diseñador encuentra la siguiente restricción. El fabricante del lector en cuestión no suministra el driver necesario para uno de los sistemas operativos en que el sistema debe ejecutarse. Podemos observar que, si no fuera por esa restricción, el diseño para el módulo de entrada de datos del sistema sería simple: sólo dependería del driver del lector para obtener los datos de las tarjetas. Sin embargo, ahora el diseñador tendrá que crear un diseño alternativo para superar la restricción encontrada. Para eso, podemos citar algunas posibilidades para ese diseño. Una posibilidad sería emular uno de los sistemas operativos soportados cuando el software se estuviera ejecutando en un entorno no soportado. Eso significa que sería necesaria la creación de una capa de abstracción entre el driver del lector y el sistema operativo donde el software se está ejecutando, donde esa capa representaría el entorno operacional soportado. Esa capa de abstracción, entonces, sería implementada por el sistema nativo o por uno emulado, si el nativo fuera el no-soportado por el driver. Otra posibilidad de diseño sería el proyecto e implementación del propio driver para el entorno no-soportado.

## *Alternativas*

Una alternativa de diseño es una posibilidad de solución. Al igual que los problemas de diseño generalmente poseen múltiples soluciones posibles, es común que sean generadas más de una alternativa para la solución de un único problema. Note que el diseñador no necesariamente documentará todas las posibilidades de solución, pero, al menos, considerará algunas de ellas para la elección de una solución, aunque informalmente.

*Alternativa de diseño* es una posibilidad de solución representada en nivel de conocimiento.

Lo que necesitamos observar es que el diseñador debe realizar dos tareas esenciales después de entender los objetivos y restricciones involucrados en el problema de diseño: generar alternativas de diseño y elegir la solución del problema entre las alternativas generadas.

La generación de alternativas es el verdadero desafío de los diseñadores. Diferente de los problemas de decisión, donde las alternativas son conocidas o buscadas a través de métodos conocidos, los problemas de diseño piden la creación de alternativas. El proceso de creación debe ser controlado por principios de diseño, por la experiencia e imaginación del diseñador y debe ser guiado por los objetivos del producto impuestos por las partes interesadas. Algunos principios esenciales de diseño serán presentados en este capítulo.

Así la elección de la solución es simplemente la elección de una entre las alternativas generadas, que sirva para realizarla basada en evaluaciones y experiencia.

 De vuelta a nuestro programa de ordenación, consideremos sólo una de sus características: el algoritmo de ordenación a ser usado. Vamos a observar cuántas alternativas un diseñador podría generar sólo a partir de esa característica. Una rápida investigación en Internet devuelve nueve algoritmos que respetan el requisito impuesto anteriormente de crecimiento del tiempo de ejecución (0(nlogn)): binary tree sort, heapsort, in-place merge sort, introsort, library sort, merge sort, quicksort, smoothsort, strand sort. Así, esos nueve algoritmos podrían ser transformados en nueve alternativas de diseño. A mayores, un diseñador más experto en ordenación sabría que los datos de entrada pueden definir el rendimiento real del algoritmo, ya que una de las alternativas puede tener un óptimo rendimiento para una determinada entrada, mientras otra alternativa puede tener un pésimo rendimiento real para la misma entrada. En este caso, él definiría que dos algoritmos serán usados en el diseño, de forma que, de acuerdo con los datos de entrada, el algoritmo que dé el mejor rendimiento real para esos datos sea el escogido en tiempo de ejecución. Así, aún más alternativas de diseño son generadas.

Debemos observar que la generación de alternativas podría continuar indefinidamente si el diseñador considerara otros aspectos del problema. De esa manera, cuando parar la generación de alternativas es un problema también a ser resuelto por el diseñador, una vez que los problemas de diseño generalmente tienen un número infinito de soluciones en potencia. Esa noción de cuando parar el proceso de generación de alternativas, ciertamente, es adquirida con la experiencia.

## REPRESENTACIONES

La representación es el lenguaje de diseño. A pesar de que el objetivo del producto del proceso de diseño sea la representación de un sistema de software que posibilita su construcción, describir el sistema no es el único propósito de las representaciones. La representación también facilita el propio proceso de diseño, una vez que ayuda en la comunicación de los interesados y también sirve como registro de las decisiones tomadas.

*Representación de diseño* es el lenguaje del proceso de diseño que representa el producto del diseño para su construcción y también da soporte al proceso de diseño como un todo.

La representación facilita la comunicación porque hace las alternativas productos manipulables, que pueden ser comunicados, evaluados y discutidos, no sólo por sus creadores, sino también por otros interesados.

Es importante observar que existen diversas dimensiones a ser representadas en una única alternativa de diseño. Esas dimensiones comprenden comportamiento, estructura, relaciones entre entidades lógicas y entidades físicas, entre otras. Esas dimensiones son normalmente descritas en diferentes tipos de representaciones, que, en otro momento, serán llamadas visiones.

Para ejemplificar representaciones de diseño, presentaremos dos dimensiones derivadas de nuestro programa-ejemplo de ordenación usando dos representaciones diferentes. La primera representación, muestra la dimensión estructural de una alternativa de diseño usando UML(*Unified Modeling Language (UML)*).

Examinando esa representación, podemos observar algunos aspectos de la solución: como la solución fue descompuesta en clases funcionales, como las diversas clases de la estructura se relacionan entre sí, o hasta en que puntos podríamos reusar pedazos de software listos para la construcción, que implementen las mismas interfaces descritas en la representación. Sin embargo, debemos también observar que esa representación no es autónoma, una vez que es necesario tener conocimientos en UML para entenderla completamente.

*Representación estructural del programa de ordenación*

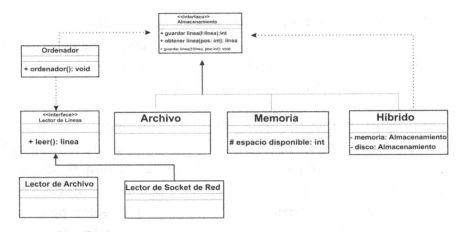

Así la segunda representación, muestra parte del comportamiento del programa de ordenación con alto nivel de detalle. A pesar de no conseguir extraer de esa representación la misma información presentada en el modelo UML, esa nos permite analizar su comportamiento asintótico en relación al crecimiento del tamaño de los datos de entrada. Además de eso, podemos también analizar el espacio consumido en la ejecución del algoritmo.

*Pseudocódigo del Merge sort*

```
function merge_sort(m)
    var list left, right, result
    if length(m) ≤ 1
        return m

    var middle = length(m) / 2 - 1
    for each x in m up to middle
        add x to left
    for each x in m after middle
        add x to right
    left = merge_sort(left)
    right = merge_sort(right)
    if left.last_item > right.first_item
        result = merge(left, right)
    else
        result = append(left, right)
    return result


function merge(left,right)
    var list result
    while length(left) > 0 and length(right) > 0
        if first(left) ≤ first(right)
            append first(left) to result
            left = rest(left)
        else
            append first(right) to result
            right = rest(right)
    end while
    if length(left) > 0
        append left to result
    else
        append right to result
    return result
```

Ambas representaciones muestran aspectos importantes del diseño de un software. Sin embargo, las diversas partes envueltas en su desarrollo pueden aún estar interesadas en otros aspectos además de la estructura o análisis asintótico del algoritmo. Por eso, otras representaciones pueden aún ser necesarias para mostrar otros aspectos del sistema, y es papel del proceso de diseño – y del diseñador – proporcionarlas.

El último lugar, si consideráramos múltiples versiones a lo largo del tiempo de una única representación, podremos observar la evolución de las decisiones de diseño hechas a lo largo de ese periodo. Así, si consideráramos las diversas versiones obtenidas hasta alcanzar el algoritmo descrito, percibiríamos la evolución desde el merge sort estándar hasta el merge sort in-place considerado por el diseñador. Entonces, el histórico del diseño se hace pieza fundamental para entender que decisiones pasadas llevaron al estado actual del diseño y, consecuentemente, del sistema.

## *Soluciones*

La solución del diseño no es nada más que la descripción que permite a los desarrolladores construir un sistema de software a partir de los detalles especificados por una o diversas representaciones. Sus principales características serán descritas en los párrafos que siguen.

*Solución del diseño* es la descripción del diseño que permite la construcción del sistema de software que alcanza los objetivos del diseño.

Las soluciones de diseño reflejan la complejidad del problema, generalmente por mostrar diversos elementos y relaciones que componen el problema. Es posible observar esa característica cuando, por ejemplo, hacemos el diseño del sistema de información de una máquina para alquiler de películas, que ya mencionamos anteriormente. Cualquiera que sea la solución, ella contendrá elementos como películas, DVDs, clientes o géneros de películas, pues todos ellos son inherentes al problema en cuestión. Sin embargo, sólo los elementos no son suficientes para componer la solución. La solución debe también contener relaciones del tipo: "un cliente puede alquilar uno o más DVDs", "una película puede tener uno o más géneros" o "un DVD puede contener una o más películas". En otras palabras, la solución debe contener relaciones similares a las relaciones encontradas en el dominio del problema. Vale recordar que, cuando diversos elementos tienen diversas relaciones diferentes entre sí, la complejidad surge y por eso es por lo que hacer el diseño es difícil. Además, para complicar aún más, es común que los problemas tengan muchos elementos y relaciones que no son completamente conocidos.

Es difícil validar soluciones de diseño. La complejidad inherente al problema hace surgir diversos puntos de posible validación en relación a los objetivos de diseño. Sin embargo, el problema reside en la precisión de la descripción de los objetivos. Normalmente, para problemas complejos, los objetivos son descritos en un alto-nivel de abstracción que dificulta o imposibilita bastante la evaluación de las soluciones.

Y, por fin, la mayoría de los problemas de diseño aceptan diversas soluciones. Eso es algo natural a problemas de diseño: una vez que diversas alternativas pueden ser generadas a partir de un único problema de diseño, diversas soluciones pueden ser obtenidas.

# NIVELES DE DISEÑO DE SOFTWARE

El producto del proceso de diseño es siempre una solución de diseño. A pesar de ser la descripción que permite la construcción del sistema, nada fue dicho sobre el nivel de detalle contenido en esa solución. Sucede que, en realidad, el diseño puede ocurrir en diversos niveles de detalle.

De acuerdo con la Guía para el Cuerpo de Conocimiento en Ingeniería de Software, el proceso de diseño de software consiste en dos actividades: diseño de alto nivel y diseño detallado.

El diseño de alto nivel, también conocido como diseño arquitectural, trata de describir la organización fundamental del sistema, identificando sus diversos módulos (y sus relaciones entre sí y con el entorno) para que se alcancen los objetivos propuestos por el cliente.

*Diseño arquitectural*. Describe la arquitectura del software o, en pocas palabras, como el software es decompuesto y organizado en módulos y sus relaciones.

Al contrario del diseño de alto nivel, el diseño detallado se preocupa de la descripción detallada de cada módulo posibilitando la construcción y se adecua al diseño de alto nivel.

*Diseño detallado*. Describe el comportamiento específico y en detalle de los módulos que componen el diseño arquitectural.

A pesar de esa división conceptual de diseño en dos actividades, esa división puede no ocurrir durante el proceso de desarrollo del software. Algunas veces, el diseñador – o quien asume su papel – realiza ambas actividades en paralelo, concibiendo así un producto de diseño que permitirá tanto el alcance de los requisitos de calidad (que normalmente es tarea de la arquitectura), como la construcción precisa del sistema por medio de sus detalles. Sin embargo, adoptaremos la separación conceptual de las dos actividades de forma que podamos orientarnos en el diseño arquitectural, que es el principal objetivo de este libro y que será discutido en los próximos capítulos.

## PRINCIPIOS Y TÉCNICAS DE DISEÑO DE SOFTWARE

Antes de iniciar nuestros estudios en Arquitectura de Software, nos gustaría recordar algunos principios y técnicas que son esenciales en el diseño de software.

Hay diversos principios, técnicas y abordajes en esa área que generalmente dan origen a buenos productos de diseño de software. Ya que hay muchos libros y artículos sobre ese asunto, nos gustaría sólo de hacer una breve exposición del asunto en esta sección, haciendo que el lector recuerde los principios y técnicas – si ya los conocía – e indicando referencias para un mayor conocimiento sobre el asunto. Los principios, técnicas y abordajes esenciales para un diseñador que presentaremos son las siguientes:

- División y conquista

- Abstracción

- Encapsulamiento

- Modularización

- Separación de preocupaciones

- Acoplamiento y cohesión

- Separación de políticas de la ejecución de algoritmos

- Separación de interfaces de sus implementaciones

## *División y Conquista*

División y conquista es una técnica para la resolución de problemas que consiste en descomponer un problema en subproblemas más pequeños e independientes a fin de resolverlos separadamente, para que, posteriormente, las soluciones sean combinadas y formen la solución del problema inicialmente propuesto.

La estrategia está basada en la idea de que atacar un problema complejo por diversos frentes es más simple y factible de solución que intentar resolverlo completamente de una sólo vez. La técnica de división y conquista posee tres etapas bien definidas:

- División: dividir el problema original en subproblemas más pequeños;

- Conquista: resolver cada uno de los subproblemas generados en la fase de división;

- Combinación: combinar las soluciones de cada subproblema, componiendo la solución para el problema inicial.

En la Ciencia de la Computación, esa estrategia es muy utilizada en el proyecto de algoritmos y, normalmente, es instanciada a través del uso de recursividad, una vez que los problemas deben ser decompuestos y las soluciones de los subproblemas deben ser combinadas al final de la ejecución para componer la solución del problema inicial. Por ejemplo, el algoritmo de ordenación mergesort utiliza esa técnica para ordenar una secuencia de enteros de manera eficiente. Ese algoritmo se basa en la idea de que dadas dos secuencias ordenadas, es fácil ordenarlas en una única secuencia. Por lo tanto, la estrategia del mergesort es dividir una secuencia en varias subsecuencias hasta que sea sencillo ordenarlas, es decir, secuencias de dos elementos. Por fin, el algoritmo combina las secuencias en una sólo secuencia ordenada.

Sin embargo, como este libro fue escrito enfocado en la arquitectura de software, nada más apropiado que traigamos ejemplos a nivel arquitectural de los asuntos que abordamos. La estrategia de división y conquista también es aplicada constantemente en decisiones de más alto nivel en el proyecto de software. Por ejemplo, la decisión de organizar una aplicación Web en capas no es más que dividir un problema mayor en diferentes niveles de abstracción, donde cada capa será responsable de implementar un servicio más básico y específico (presentación, lógica de negocio y almacenamiento).

Varios son los beneficios proporcionados por la estrategia de división y conquista. En nuestro ejemplo, la división de la arquitectura en capas propicia la implementación de cada capa separadamente. Además de eso, las capas pueden ser tratadas como componentes reutilizables de software, una vez que implementan un servicio único y bien definido. Por lo tanto, la división y conquista también viabiliza el reuso de software.

## ABSTRACCIÓN

Abstracción es un principio esencial para trabajar con complejidad. Ese principio recomienda que un elemento que compone el diseño deba ser representado sólo por sus características esenciales, de forma que permita la distinción de otros elementos por parte del observador. Como resultado, tenemos la representación de un elemento del diseño más simple, una vez que los detalles innecesarios son descartados, facilitando entonces la comprensión, comunicación y evaluación.

Lo que podremos observar es que la mayoría de las técnicas empleadas por los diseñadores ayudan a la elevación del nivel de abstracción del diseño y, así, bajan el nivel de complejidad de la solución.

## ENCAPSULAMIENTO

El encapsulamiento está relacionado con la ocultación de detalles de implementación de un elemento de un sistema a los que usarán ese elemento. Haciendo eso, el acoplamiento entre los elementos es minimizado y su contribución a la complejidad del sistema es restringida a las informaciones que ellos exponen.

El encapsulamiento puede ser obtenido de diferentes maneras: modularizando el sistema, separando sus preocupaciones, separando interfaces de implementaciones o separando políticas de la ejecución de algoritmos.

## MODULARIZACIÓN

Modularización es la descomposición significativa del sistema en módulos. La modularización introduce divisiones bien definidas y documentadas al sistema al decidir que estructuras lógicas del sistema serán divididas físicamente. Podemos citar algunos beneficios de la modularización:

- Facilita la comprensión, ya que cada módulo puede ser estudiado separadamente;

- Facilita el desarrollo, ya que cada módulo puede ser proyectado, implementado y probado separadamente;

- Disminuye el tiempo de desarrollo, ya que los módulos pueden ser implementados en paralelo, o incluso re-usados; y

- Promueve la flexibilidad en el producto, ya que un módulo puede ser sustituido por otro, mientras que implemente las mismas interfaces.

## SEPARACIÓN DE PREOCUPACIONES

La separación de preocupaciones está fuertemente conectada al principio de modularización. De cierta manera, la separación de preocupaciones define la regla para definir los módulos de un sistema: preocupaciones diferentes o no-relacionadas deben restringirse a módulos diferentes. Así, separando preocupaciones, obtenemos beneficios semejantes a los de la modularización.

## *ACOPLAMIENTO Y COHESIÓN*

Acoplamiento y cohesión son principios usados para medir si los módulos de un diseño fueron bien divididos.

Acoplamiento es la medida de interdependencia entre módulos de software. O sea, mientras más dependiente un módulo A es de la implementación del módulo B, mayor es el acoplamiento entre los módulos A y B. Alto acoplamiento implica que (1) los módulos envueltos serán más difíciles de entender, una vez que necesitan ser entendidos en conjunto; (2) los módulos envueltos serán más difíciles de modificar, una vez que los cambios impactarán a más de un módulo; y (3) los módulos envueltos serán más difíciles de mantener, una vez que un problema en un módulo se esparcirá por los módulos con quienes está altamente acoplado.

Por otro lado, cohesión es una medida intramódulo. Ella es la medida de la relación entre tareas realizadas dentro de un mismo módulo. Las tareas de un módulo pueden estar relacionadas entre sí por diferentes motivos. Esos motivos son usados para clasificar los diferentes tipos de cohesión:

• las tareas están agrupadas porque sus funciones son similares.

• las tareas están agrupadas porque ellas pertenezcan a la misma secuencia de operaciones. Ellas comparten datos de cada etapa de la secuencia, pero no realizan una operación completa cuando son ejecutadas juntas.

• las tareas están agrupadas porque usan los mismos datos, pero no están relacionadas de otra manera.

• las tareas están agrupadas por ser ejecutadas en el mismo intervalo de tiempo.

• las tareas están agrupadas porque ellas deben ser ejecutadas en un orden específico.

• las tareas están agrupadas por compartir un mismo flag de control, que indicará que tarea será realizada durante la ejecución del sistema.

• las tareas están agrupadas sin criterio.

Para alcanzar buenos diseños, podemos ordenar los tipos de cohesión de los más deseables a los menos deseables: funcional, secuencial, comunicativa, temporal, procedural, lógica y coincidente.

## SEPARACIÓN DE DECISIONES DE EJECUCIÓN DE ALGORITMOS

Esa técnica realiza la separación de preocupaciones presentando un abordaje simple: o un módulo debe preocuparse con las decisiones sensibles al contexto del problema o con la ejecución de algoritmos, pero no con ambos.

En otras palabras, algunos módulos deben sólo ejecutar algoritmos sin tomar cualquier decisión sensible al dominio del problema. Esas decisiones deben ser dejadas para los módulos específicos para la realización de esas decisiones y que también serán responsables de alimentar parámetros para los módulos de ejecución de algoritmos.

Esa separación facilita el reuso y mantenimiento, principalmente de los módulos de algoritmos, ya que ellos son menos específicos que los módulos de decisiones sensibles a contexto.

## *SEPARACIÓN DE INTERFACES DE SUS IMPLEMENTACIONES*

La separación entre interfaces e implementaciones también beneficia la modularización. Esa técnica recomienda la descripción de la funcionalidad a ser implementada por algún módulo por medio de contratos, llamados interfaces. Así, los módulos implementarán las interfaces de forma para componer el sistema.

Usando esa técnica, el acoplamiento entre módulos y sus clientes es disminuido, ya que los clientes estarán conectados sólo a las interfaces – y no implementaciones –, y los beneficios como facilidad en la reutilización, mejor comprensión del código y más pequeño coste de mantenimiento son alcanzados.

## RESUMEN

Este capítulo expuso el conocimiento necesario sobre Diseño de Software para el estudio de Arquitectura de Software. Se espera que, al final de ese capítulo, el lector sepa:

- lo que es diseño software, sea como producto o como proceso, y cuáles son sus características y beneficios;

- como los problemas de diseño de software pueden ser decompuestos; y

- que son los principios y técnicas de diseño de software y cuáles son sus beneficios.

# REFERENCIAS

## Teoría en Diseño de Software

Recomendamos el libro Software Design, de Budgen, a los interesados en más informaciones sobre la teoría en diseño de software. Dos artículos que presentan discusiones útiles sobre el asunto son Software Design and Architecture – The Once and Future Focus of Software Engineering, de Taylor y Van der Hoek, y Conceptual Foundations of Design Problem Solving, de Smith y Browne.

## Proceso de Diseño

A nivel más práctico de la ejecución del proceso de diseño, citamos las siguientes referencias: The Mythical Man-Month: Essays on Software Engineering, de Brooks, que discute las causas de la complejidad que afecta al proceso de diseño de software; Software Design: Methods and Techniques, que describe las etapas que podemos encontrar en el proceso de diseño; y Guide to the Software Engineering Body of Knowledge (SWEBOK), que presenta los niveles de diseño.

## Técnicas y Herramientas

Por fin, citamos referencias que describen herramientas y técnicas que podemos usar durante el proceso de diseño.

Sobre el lenguaje de modelado UML, más informaciones pueden ser encontradas en la Web del Object Management Group (OMG).

Ya sobre técnicas de diseño, citamos el libro de Booch et al, Object-Oriented Analysis and Design with Applications, el de McConnell, Code Complete y el de Buschmann et al, Pattern-Oriented Software Architecture, Volumen 1: A System of Patterns. Este último es más específico al diseño arquitectural.

# FUNDAMENTOS DE LA
# ARQUITECTURA DE SOFTWARE

El Diseño de Software puede ser dividido en dos actividades: diseño de alto-nivel o arquitectural y diseño detallado, y ambas actividades tienen un papel importante en el ciclo de desarrollo del software. Como el objeto de estudio de este libro es la Arquitectura de Software, volvemos ahora hacia la primera actividad en cuestión.

Este capítulo tiene como objetivo exponer al lector los fundamentos de la Arquitectura de Software o, en otras palabras, hacer que sea capaz de:

- Reconocer, entender y comparar las diferentes definiciones existentes del término arquitectura de software.

- Relacionar las diferentes definiciones de arquitectura de software con el estándar ISO/IEEE 1471.

- Identificar las características y beneficios proporcionados por una buena arquitectura.

- Evaluar los beneficios que explícitamente proyecte la arquitectura durante el desarrollo del software.

## MOTIVACIÓN PARA DESARROLLAR MEJORES SISTEMAS

Desarrollar software no es una tarea fácil. Es por ese motivo que muchos proyectos de software fracasan durante su desarrollo o al obtener sus resultados. Entre esos malos resultados, encontramos los que costaron mucho más dinero del presupuestado, los proyectos incompletos y los que no solucionan los problemas como se deberían resolver.

No es fácil alcanzar un buen producto de software debido a la complejidad que envuelve su proceso de desarrollo. Además de lidiar con la complejidad inherente al problema, también nos debemos preocupar en como el software resuelve ese problema.

Así, el software debe, además de resolver el problema, resolverlo de la forma esperada. O en otras palabras: Se espera que, además de su funcionalidad, el producto de software posea los atributos de calidad esperados.

**EJEMPLO**: Considere un programa que realice estas cuatro operaciones: suma, resta, multiplicación y división. Si el tiempo de respuesta de sus operaciones es siempre mayor que el tiempo que el usuario está dispuesto a esperar, ese programa no tendrá una utilidad real aunque siempre retorne el resultado correcto.

Aunque el programa funciona correctamente, este no muestra el rendimiento esperado, entonces este acabará siendo abandonado. Por otro lado, reparar ese programa para que sea útil es relativamente fácil. Por ejemplo, si el programa no multiplica lo bastante rápido, basta con implementar nuevamente la función de multiplicación para que tenga un mejor rendimiento.

**EJEMPLO**: Considere ahora una aplicación para alquiler de películas. Considere también que esta se muestra incapaz de responder en menos de dos segundos a las operaciones de alquiler de películas. Una vez que los usuarios no están dispuestos a esperar ese tiempo por la principal operación del sistema, eso resultará en una mala experiencia de usuario, que será motivo para que sus usuarios dejen de usarlo y también dejen de pagar por el servicio.

Para disminuir el tiempo de respuesta de una funcionalidad en el Videoclub, dado el tamaño del sistema, puede no ser tan simple como disminuir el tiempo de ejecución de una función matemática. El alto tiempo de respuesta de un servicio en el Videoclub puede ser debido a una o más decisiones tomadas a lo largo del desarrollo de la lógica de su estructura y organización interna. Esa estructura y organización es lo que llamamos arquitectura. Los atributos de calidad del software se deben en gran medida a su arquitectura, de ahí surge la necesidad de estudiarla. Y, por fin, es a través del estudio de las características y técnicas del proyecto de arquitectura donde podremos proyectar y desarrollar mejores productos de software.

## *LA ARQUITECTURA DE SOFTWARE*

Desde su primera mención en un informe técnico en la década de 1970 titulado Software Engineering Tecnhiques, diversos autores se propusieron definir el término de arquitectura de software. Por ese motivo, en vez de crear nuestra propia definición del término, haremos uso de las cuatro definiciones existentes a fin de resaltar sus diferentes características. Las tres primeras que usaremos son las definiciones del término. Estas fueron formuladas por autores que destacan en el área desde su introducción y son usadas actualmente por la gran mayoría de los profesores, alumnos y practicantes del área. Por otro lado, también mostraremos la definición de arquitectura de software. Esta es parte del estándar ISO/IEEE 1471-2000 y su creación fue motivada justamente para hacer que estudiantes, profesores y practicantes de arquitectura de software estén de acuerdo sobre el término.

## LA DEFINICIÓN DE ARQUITECTURA DE SOFTWARE DE PERRY Y WOLF

Perry y Wolf introdujeron su definición de arquitectura de software en su artículo seminal Foundations and the Study of Software Architecture. La definición que ellos proponen consiste en:

Arquitectura = {elementos, organización, decisiones}

De acuerdo con esa definición, la arquitectura de software es un conjunto de elementos arquitecturales que poseen alguna organización. Los elementos y su organización son definidos por decisiones tomadas para satisfacer objetivos y restricciones. Destacan tres tipos de elementos arquitecturales:

- Elementos que usan o transforman información;

- Elementos que contienen la información para ser usada y transformada;

- Elementos que conectan elementos de cualquier tipo entre sí.

Después la organización dicta las relaciones entre los elementos arquitecturales. Esas relaciones poseen propiedades y restringen como los elementos deben interactuar de forma que satisfaga los objetivos del sistema. Adicionalmente, esas relaciones deben ser ponderadas de modo que puedan indicar su importancia en el proceso de selección de alternativas.

**EJEMPLO**: Un elemento de datos muy presente en el software del Videoclub y en sistemas de información en general es la base de datos. Esta es la responsable de guardar y recuperar los datos en el sistema.

En el Videoclub, inicialmente, están presentes tres tipos de datos:

1.    **Información textual**: informaciones de registros de alta de los usuarios e informaciones textuales sobre las películas;

2.    **Imágenes**: imágenes que componen la identidad visual del sistema, foto del usuario presente en su perfil e imágenes de publicidad de las películas;

3.    **Vídeos**: películas completas, trailers y documentación de "making off" disponibles para streaming.

Por eso, consideramos un elemento de datos para cada tipo. Así, tenemos la base de datos responsable de las informaciones textuales, la base de datos responsable de las imágenes y la base de datos responsable de los vídeos. Esa separación de responsabilidades permite que la implementación de cada tipo de datos disponga de servicios diferenciados o que obtenga algún provecho de la naturaleza de sus datos para atender a algún atributo de calidad (rendimiento, escalabilidad, etc.). De esa manera, el elemento responsable del texto puede ser optimizado para la búsqueda por palabras-clave, mientras el responsable de los vídeos puede ser optimizado para recuperar grandes flujos de datos por cada respuesta. Por otro lado, también tiene sentido dividir lógicamente los elementos de datos en: elementos de datos de usuarios y elementos de datos de películas. Note que esa división es transversal a la división en elementos de texto, imágenes y vídeos y, por lo tanto, el elemento de datos de usuarios puede estar compuesto por un elemento de datos textuales y otro elemento de datos de imágenes, de la misma manera que el elemento de datos de películas puede contener el elemento de datos textuales, de imágenes y de vídeos.

Como ejemplo de elemento de procesamiento, citamos la lógica de negocio del Videoclub. Este contiene las reglas de negocio que componen el Videoclub. Note que todavía podemos dividir ese elemento de procesamiento en elementos más especializados: el elemento de procesamiento responsable de crear, editar, recuperar y eliminar usuarios, el responsable de crear, editar, recuperar y eliminar informaciones de películas, el responsable del alquiler de películas y el responsable de controlar la sesión de streaming, entre otros. Esa división, así como la división de los elementos de datos, puede ser realizada en favor de la atención a los atributos de calidad.

Sin embargo, un elemento no es capaz de crear, editar, recuperar o eliminar usuarios sin comunicarse con los datos de los usuarios. De la misma manera, el elemento responsable de manipular las informaciones de las películas debe comunicarse con los elementos que guardan los datos de las películas.

También, para controlar la sesión de streaming, el responsable debe obtener la película del elemento de datos que contiene las películas completas. Esa comunicación es realizada por los diversos elementos de conexión del Videoclub. Entre ellos el driver JDBC Java Database Connectivity, que permite la comunicación con la base de datos responsable de los usuarios; con el protocolo FTP, para la transferencia de vídeos; con el protocolo HTTP, para transferencias a partir de la base de imágenes; o el REST Representational State Transfer, que es una especialización del HTTP y es usado para la comunicación entre elementos de procesamiento.

## *ARQUITECTURA DE SOFTWARE POR GARLAN Y SHAW*

Además de tener una visión más concreta sobre la arquitectura que Perry y Wolf, Garlan y Shaw son más explícitos cuando mencionan el propósito de aplicar conocimientos de arquitectura en un sistema de software. Para ellos, la arquitectura de software se hace necesaria cuando el tamaño y la complejidad de los sistemas de software crecen. Así, el problema de construir sistemas va más allá de la elección de los algoritmos y de las estructuras de datos correctos. Ese problema envolverá también las decisiones sobre las estructuras que formarán el sistema, la estructura global de control que será usada, los protocolos de comunicación, la sincronización y el acceso a datos, la atribución de la funcionalidad a los elementos del sistema y la distribución física de los elementos del sistema. Además de eso, el problema envolverá las decisiones que impactarán en el comportamiento del sistema en términos de escala y rendimiento, entre otros atributos de calidad.

La visión sobre arquitectura de software de Garlan y Shaw contiene tres aspectos. El primero que estos citan es que sean explícitos cuando debemos aplicar conocimientos de arquitectura de software, es decir, cuando trabajamos con grandes sistemas. El segundo aspecto que citan es ser claros en la separación entre las tareas de diseño detallado y diseño arquitectural; el primero se preocupa de los algoritmos y de las estructuras de datos, mientras que el segundo se preocupa de los elementos y de la organización del sistema como un todo, estando relacionado con la estructura del sistema, el control, la comunicación o la implantación. Y el tercero que citan es que el proceso de diseño de la arquitectura necesita preocuparse de los atributos de calidad del sistema, en alcanzar la escalabilidad o en el rendimiento, por ejemplo.

**EJEMPLO**: En la arquitectura de un sistema operativo, para alcanzar atributos de rendimiento y de portabilidad, deberá preocuparse de los diversos aspectos que compondrán el sistema. Está claro que algunos algoritmos también serán responsables del rendimiento del Sistema Operativo en cuestión, como el responsable de la ordenación por prioridad de los procesos en ejecución o del alojamiento en memoria de un nuevo proceso; pero la organización del sistema en capas de abstracción (abstracción de hardware, sistema de archivos y drivers, gestión de procesos, API del sistema, bibliotecas y aplicaciones), la comunicación entre estas capas (una capa sólo puede comunicarse con la capa siguiente o aplicaciones y las bibliotecas sólo pueden comunicarse con la API del sistema, etc.) y la sincronización (una aplicación que sugiere archivar los datos pero será el sistema de archivos quién decidirá cuando sucederá esa acción) también impactan en su rendimiento.

Note que esa organización también impacta en la portabilidad: cuanto menos acoplado estén el resto de las capas fuera de la capa de abstracción de hardware, más fácil serán de realizar los cambios necesarios para que el sistema operativo esté disponible para una nueva plataforma de hardware, teniendo sólo que volver a implementar esa capa.

## ARQUITECTURA DE SOFTWARE POR BASS ET AL

Como veremos a continuación, la definición de Bass et al es bastante similar a la que podemos ver en el estándar ISO/IEEE 1471-2000. Sin embargo, veremos que propiedades de los elementos arquitecturales deben ser consideradas:

*La arquitectura de un programa o de sistemas computacionales es la estructura o estructuras del sistema, la cual está compuesta de elementos de software, de propiedades externamente visibles de esos elementos y de las relaciones entre ellas.*

Como ya fue observado por Gorton, esa definición es explícita en cuanto al papel de la abstracción en la arquitectura (cuando habla de propiedades externamente visibles) y también en cuanto al papel de las múltiples visiones arquitecturales (estructuras del sistema). Debemos también mencionar el uso del término "elementos de software" como las piezas fundamentales de la arquitectura. En la edición anterior de esa definición, sus autores usaban "componentes de software" en vez de "elementos de software". Ese cambio fue hecho para dejar la definición más general y amplia, principalmente porque el término "componente de software" tiene un sentido específico en el área de Ingeniería de Software basada en Componentes.

**EJEMPLO**: Podemos observar la arquitectura del Videoclub a través de una visión de las partes funcionales:

1. módulo responsable del alta de usuarios,

2. módulo responsable del alta de películas,

3. módulo responsable del alquiler de películas,

4. módulo responsable de la transmisión de películas,

5. módulo responsable de la sugerencia de películas, etc.

Esos módulos proveen servicios e informaciones a otras partes del sistema: por ejemplo, una operación de alquiler o de streaming de películas debe actualizar el histórico actual en la cuenta del usuario. Eso ocurre porque el módulo de sugerencias usará periódicamente ese histórico a fin de generar listas de películas de acuerdo con las preferencias del usuario.

## Módulos funcionales del Videoclub

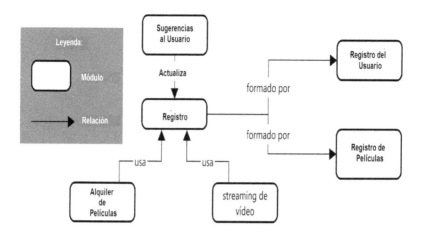

Pero esa no es la única manera de observar el sistema. También podemos ver el sistema como un conjunto de procesos ejecutando y comunicándose en máquinas diferentes. El navegador del usuario, que puede ser considerado parte del sistema y que se está ejecutando en una máquina, se comunica usando el protocolo HTTPS con un servidor de aplicaciones, que se está ejecutando en otra máquina que contiene parte de la lógica del negocio (y los módulos de dar de alta, autenticación y actualización del usuario, entre otros). El servidor de aplicaciones, por su parte, se comunica de forma diferente con cada uno de los sistemas de almacenamiento presentes. Éste usa JDBC para obtener los datos de usuarios, FTP para obtener los vídeos y HTTP para obtener las imágenes. El motor de sugerencia es visto como otro proceso que se está ejecutando en una máquina diferente del servidor de la aplicación. Ese proceso, de tiempo en tiempo, lee, procesa y actualiza las informaciones de la base de usuarios a fin de generar una lista de sugerencias de películas. Éste también usa JDBC para comunicarse con la base de usuarios.

## Los procesos que actúan en el Videoclub

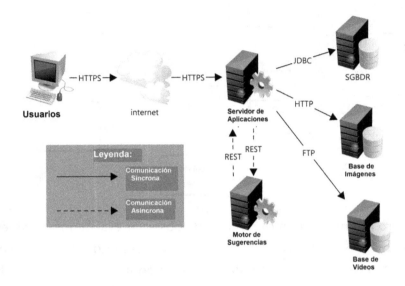

En la visión en la que dividimos el sistema en partes funcionales, podemos percibir aspectos del software como la composición entre elementos o puntos de reuso. En la visión en la que dividimos el sistema en procesos, podemos observar otros aspectos, como las propiedades de comunicación y de interacción entre las partes del sistema. Por ejemplo, en la primera visión, los registros de películas y de usuarios pueden componer un módulo de mayor responsabilidad para todos los registros. En la segunda visión, percibimos que la comunicación entre el navegador y el servidor de aplicaciones es síncrona, mientras que la comunicación entre el motor de sugerencia y la base de datos es asíncrona en relación a la acciones de los usuarios.

# LA ARQUITECTURA DE SOFTWARE POR EL ESTÁNDAR ISO/IEEE 1471-2000

El propósito de la creación del estándar ISO/IEEE 1471-2000 fue la de ayudar en el consenso entre autores, estudiantes y profesionales sobre lo que es y para qué sirve la arquitectura de software. Por ello, ese estándar no sólo define la arquitectura del software, sino que también introduce un esquema conceptual para la descripción arquitectural. Su definición de arquitectura de software, la cual nosotros adoptaremos a lo largo del libro, es la siguiente:

*La arquitectura es la organización fundamental de un sistema incorporada en sus componentes, sus relaciones con el entorno y los principios que conducen su diseño y evolución.*

Podemos darnos cuenta de que la definición de arriba es consistente con las anteriores ya que menciona que la arquitectura también comprende la estructura (o elementos o componentes), relaciones y decisiones (o principios). Sin embargo, esta además añade una preocupación por la arquitectura: conducir la evolución del software.

La evolución del software es el fenómeno de cambio/modificación que sucede en el software a lo largo de los años y de las múltiples versiones, desde su inicio hasta el completo abandono del sistema. Ese cambio no está sólo relacionado con la adición y eliminación de funcionalidades, sino que también está relacionada con el mantenimiento del código a lo largo del ciclo de vida del software. Ese mantenimiento puede tanto mejorar como deteriorar los atributos externos de calidad del software, los cuales son percibidos por los usuarios (Ej., rendimiento, tolerancia a fallos, disponibilidad), en cuánto a los atributos internos de calidad del software, los cuales son percibidos por los participantes en el desarrollo (Ej., testeo, legibilidad, reusabilidad, etc....).

Uno de los principales objetivos en una arquitectura es la de alcanzar la calidad deseada por los interesados en el sistema, con ello se prueba la relevancia de la arquitectura en la conducción de la evolución del software, con la arquitectura de un proyecto consolidado, se podrán tomar decisiones que contribuirán para la preservación de la calidad del sistema durante su ciclo de vida.

Antes de entrar en detalles sobre los diversos aspectos de la arquitectura de software, debemos entrar en consenso sobre el término "componente de software". En Ingeniería de Software, "componentes" tiene varios significados divergentes. Un significado, de acuerdo con el Standard Computer Dictionary, es que un componente es una de las partes que componen el sistema. De esa manera, "componente" puede ser sustituido por "módulo", "unidad" o mismo "elemento" de software. Ese es el significado de "componente" usado en el estándar ISO/IEEE 1471-2000 y es el que será usado a lo largo de este libro.

Por otro lado, un componente también puede tener un significado como el descrito por Kai Qian, en Component-Oriented Programming: "un pedazo de código autocontenido y auto-implantable con una funcionalidad bien definida y que puede ser agregado con otros componentes a través de su interfaz". Este otro significado está estrictamente ligado a la Ingeniería de Software basada en Componentes y no será usado a menos que lo mencionemos de manera explícita.

El estándar ISO/IEEE 1471-2000 también define otros términos fundamentales para la comprensión de la arquitectura de software, en especial las vistas (views).

# DESCOMPONIENDO LA DEFINICIÓN DE ARQUITECTURA DE SOFTWARE

La arquitectura de software se entiende mejor a través de sus partes. Considerando las definiciones expuestas anteriormente, podemos resaltar sus dos principales aspectos, que serán los medios para alcanzar los atributos de calidad: elementos y decisiones arquitecturales. Detallaremos cada aspecto a continuación.

## *Elementos arquitecturales*

La arquitectura de un sistema debe definir los elementos que formarán el software. Tales elementos definen como el software será fragmentado en pedazos más pequeños y se define como el software será interpretado. Los elementos arquitecturales son divididos en dos tipos: elementos estáticos y elementos dinámicos.

Los elementos estáticos de un sistema de software definen las partes del sistema y cual será su organización. Ese tipo de elemento refleja el sistema durante el diseño y está constituido de elementos de software (Ej., módulos, clases, paquetes, procedimientos o servicios auto-contenidos), elementos de datos (Ej., entidades y tablas de bases de datos, archivos de datos o clases de datos) y elementos de hardware (Ej., los ordenadores que se van a ejecutar en el sistema u otros tipos de hardware que

211

usará el sistema: routers, switch o impresoras).

Los elementos estáticos no consisten sólo en las partes estáticas del sistema, sino también de como estos se relacionan entre sí. Las asociaciones, composiciones y otros tipos de relaciones entre elementos de software, de datos y de hardware forman el aspecto estático que compone la arquitectura del sistema. El ejemplo que sigue a continuación ilustra elementos estáticos de un sistema de software.

**EJEMPLO**: Volviendo al Videoclub, observemos su arquitectura bajo una óptica estática exponiendo sus elementos estáticos. En tiempo de diseño, algunos elementos estáticos son cada paquete, módulo o conjunto de clases responsables de cada función del sistema. Algunos de esos elementos son los responsables de: la creación, la edición, la eliminación y la recuperación de usuarios y de películas, del alquiler de películas, de la autenticación y de la autorización de los usuarios, entre otros.

Por otro lado, los elementos dinámicos definen el comportamiento del sistema. Ese tipo de elemento se refleja en el sistema durante la ejecución y en éste están incluidos los procesos, los módulos, los protocolos o las clases que realizan el comportamiento. Los elementos dinámicos también describen como el sistema reacciona a los estímulos internos y externos, como se muestra en el ejemplo de a continuación.

**EJEMPLO**: Volviendo a la arquitectura del Videoclub, podemos observar el sistema bajo una óptica dinámica. Esta muestra sus elementos dinámicos, como por ejemplo los diversos procesos que se ejecutan en las diversas máquinas que componen el sistema. Esos procesos pertenecen a los servidores de aplicación, a los servicios de almacenamiento o a los navegadores de los usuarios.

## *Elementos Arquitecturales y Atributos del Sistema*

Note que cuando examinamos los elementos arquitecturales de un sistema, tanto los estáticos como los dinámicos, debemos también prestar atención a las relaciones que los conectan. Esas relaciones son importantes, ya que especifican la comunicación y el control de la información y el comportamiento que tiene el sistema. Así, las relaciones definen diversos aspectos del sistema, como por ejemplo, que datos del objeto de la clase A son visibles por los objetos de la clase B; o cuántas lecturas concurrentes son realizadas en el elemento C; o como el elemento D está autorizado para escribir datos en el elemento Y.

De esa manera, esas relaciones tienen efecto sobre los atributos de calidad del sistema, que son los que perciben los usuarios o los percibidos por los desarrolladores. Los ejemplos siguientes muestran casos de como las relaciones entre elementos arquitecturales afectan a los atributos de calidad.

**EJEMPLO:** Si dividiéramos la arquitectura del Videoclub en tres capas (presentación, lógica de negocio y bases de datos), la capa de bases de datos puede ser un recurso compartido por diversas instancias de la lógica de negocio. Si tenemos diversas instancias de la lógica de negocio, las demás proporcionarán disponibilidad al sistema, mientras que la capa de bases de datos no falle. Además de eso, el reparto de las bases de datos puede significar también el acceso concurrente a la misma base de datos. Así, cuando una instancia de la lógica de negocio hace una petición, esa petición le será respondida aunque otras instancias estén haciendo lo mismo (obviamente, eso sólo ocurre si alguna instancia de la lógica de negocio no está realizando alguna petición que necesite de acceso exclusivo a los datos).

**EJEMPLO**: La separación del sistema en tres capas puede también facilitar el mantenimiento. Si, además de adoptar esa división, la capa de presentación sólo se comunica con la lógica de negocio, pero no con la base de datos, los cambios en la capa de bases de datos afectarán sólo a la capa de negocio. Por lo tanto, si es necesario cambiar el proveedor de la capa de bases de datos, ni la firma de los métodos disponibles, ni el protocolo de comunicación, solamente la lógica de negocio, se verá afectada por esos cambios, siempre que no exista el acoplamiento entre la presentación y la base de datos.

*Ilustración de la división de una arquitectura en tres capas.*

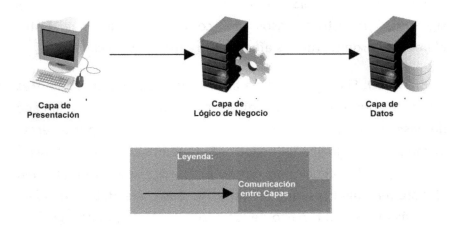

# Decisiones arquitecturales

Una arquitectura no debe tener sus estructuras definidas aleatoriamente, ya que son estas las que permiten el éxito relativo de los objetivos del sistema. De esa manera, el trabajo del arquitecto es definir esas estructuras en medio de las alternativas de diseño arquitectural existentes. El arquitecto debe decidir entre las alternativas, fraccionando el sistema en elementos y relaciones que posibilitarán la atención a los atributos de calidad. Esas decisiones son llamadas decisiones arquitecturales.

# Definición de Decisión arquitectural

Una elección entre las alternativas de diseño arquitectural. Esa elección se propone para alcanzar uno o más atributos de calidad del sistema, por medio de la(s) estructura(s) arquitecturales que esta envuelve o define.

### Características

Las decisiones arquitecturales tienen tres características que deben ser tomadas en consideración: descripción, objetivos y fundamentación.

La primera característica está clara. Es simplemente la descripción de lo que se haya decidido para el sistema, sea la descripción de un elemento, de un módulo, de una clase o de un servicio que existirá en la arquitectura, la descripción de la comunicación de un elemento de la arquitectura con otro, la descripción de la agregación de diversos elementos diferentes de la arquitectura para formar un servicio o la descripción de un principio o más principios que nos conducirán a la evolución del sistema.

**EJEMPLO**: Decisión Arquitectural 001. La arquitectura del Videoclub está dividida en tres capas lógicas: presentación, lógica de negocio y bases de datos. La capa de presentación se comunica sólo con la lógica de negocio y la lógica de negocio se comunica con la capa de bases de datos.

Toda decisión es llevada a cabo con uno o varios objetivos. Así, la segunda característica trata de explicitar cual es el objetivo de cada decisión, normalmente, permitiendo o restringiendo un conjunto de atributos de calidad del sistema. Note que, para atender a los atributos de calidad del sistema (que pueden ser muchos), una arquitectura podrá poseer decenas o incluso centenares de decisiones arquitecturales.

**EJEMPLO**: Continuación de la Decisión Arquitectural 001. Objetivo: Esa división disminuye el acoplamiento entre los elementos internos de la arquitectura, facilitando el desarrollo y el mantenimiento.

Por fin, una decisión arquitectural sólo puede haber sido alcanzada en medio de las alternativas con alguna base o fundamentación. Entonces, cabe al arquitecto explicar por qué tal decisión fue tomada, sea por ser un estándar conocido en la industria, sea por conocimiento previo de cómo satisfacer los objetivos en cuestión o por la actual decisión haber mostrado los mejores resultados en medio de una evaluación previa de las alternativas.

**EJEMPLO**: *Continuación de la Decisión Arquitectural 001. Motivación:* Proyectar los elementos internos del sistema de modo que cada uno pertenezca a sólo una capa lógica ayuda a aumentar la cohesión y disminuir el acoplamiento. La cohesión aumenta, pues cada elemento será desarrollado con el objetivo de ser parte de la presentación, de la lógica o de la bases de datos del sistema. De esa manera, cada elemento tendrá su responsabilidad bien definida, aunque en alto nivel. Como la comunicación entre las capas es prefijada, la de sus elementos también lo es: elementos de la capa de presentación no se comunicarán con elementos de la capa de bases de datos, por ejemplo. Así, el acoplamiento entre elementos internos será análogo al acoplamiento entre capas. Con el bajo acoplamiento, el desarrollo y el mantenimiento de los elementos también es facilitado, sea por posibilitar el desarrollo independiente, sea porque los cambios en un elemento tengan menor impacto en los otros.

## Rastreabilidad

Vale notar que decisiones definen que elementos compondrán el sistema. En el ejemplo anterior, podemos observar que la decisión define elementos como plugins, puntos de extensión, etc. Así, por relacionar atributos de calidad (o requisitos) a elementos arquitecturales, las decisiones contenidas en una arquitectura facilitan el llamado rastreamiento de requisitos.

Definición de rastreamiento de requisitos:

*Este es el proceso/capacidad de conectar requisitos del sistema a estructuras arquitecturales.*

La posibilidad de rastrear requisitos en la arquitectura es una característica importante porque facilita la comprensión y el mantenimiento del sistema representado por la arquitectura.

La comprensión del sistema es facilitada porque una arquitectura permite que un interesado cualquiera navegue por los elementos que componen el sistema en dos sentidos: tanto del nivel más abstracto del sistema a sus niveles más concretos, o sea, de los requisitos para los elementos arquitecturales, como módulos, bibliotecas, servicios o clases; como de los niveles concretos de la arquitectura a los niveles más abstractos, o sea, de los elementos arquitecturales a los requisitos del sistema.

**EJEMPLO**: Si observamos la arquitectura del Videoclub y buscamos por las decisiones responsables de facilitar el mantenimiento del sistema, algunas de esas decisiones sugieren una división del sistema en capas lógicas pero también influyen en la división en paquetes, servicios o mismo procesos. Así, la satisfacción del requisito de sostenibilidad está directamente conectada a la correcta división de las partes del sistema en presentación, lógica de negocio y bases de datos.

De la misma manera, si partiéramos de las partes que forman las capas de presentación, lógica de negocio y bases de datos, observaremos que están conectadas a la división del sistema (y a la decisión arquitectural) que se propone a atender a requisitos de sostenibilidad.

Además de permitir la navegación, un aspecto que merece ser resaltado, es que si los requisitos del sistema fueran eventualmente ordenados por importancia para el éxito del sistema, los elementos arquitecturales también poseerían diferentes niveles de importancia. Esa ordenación, entonces, significaría diferentes niveles de inversión, sea en tiempo o dinero, en la construcción de los elementos arquitecturales para el éxito del sistema.

Adicionalmente, el mantenimiento del sistema es facilitado de una forma análoga a su comprensión. Si algún requisito es atendido de forma no satisfactoria, por medio de la arquitectura es posible descubrir cuáles elementos del sistema están envueltos en la insatisfacción de esos requisitos. De la misma manera, la arquitectura posibilita descubrir que requisitos se verán afectados por un elemento arquitectural si ese sufre un cambio o mantenimiento.

**EJEMPLO**: Si una modificación en la capa de presentación sólo puede ser hecha si la capa de bases de datos también es modificada, eso puede significar que la decisión arquitectural no está siendo seguida correctamente. Por lo tanto, el requisito de sostenibilidad tampoco está siendo atendido correctamente y esa divergencia de la arquitectura debe ser corregida cuanto antes.

### Evolución

Debido a sus características, se hace fácil percibir que el registro de las decisiones arquitecturales en la forma de un documento – el documento arquitectural – agrega valor al ciclo de vida del software, una vez que facilita el proceso de rastreamiento de requisitos. Adicionalmente, si algún tipo de registro histórico de las decisiones arquitecturales existe, el proceso de rastreamiento puede también ser realizado para las diversas versiones del sistema, facilitando así la comprensión de la evolución del mismo.

Además de describir estructuras arquitecturales, las decisiones también describen principios que conducirán a la evolución del sistema. Eso significa que una decisión no necesariamente describirá módulos, clases o servicios, sino que también podrá describir reglas que deberán ser seguidas a lo largo del desarrollo del sistema. A continuación, citamos y ejemplificamos algunos tipos de reglas a ser descritas por las decisiones arquitecturales.

- Reglas para adición de funcionalidad al sistema.

**EJEMPLO**: Una nueva funcionalidad del Videoclub no podrá añadir una carga mayor que mil peticiones por segundo a la base de datos de usuarios, considerando la media actual de diez mil usuarios simultáneos en el sistema.

**EJEMPLO**: Una nueva funcionalidad de un editor de imágenes sólo será adicionada implementando el punto de extensión ProcessImagePlugin. Ese punto de extensión permite obtener la imagen que está abierta en el workspace del usuario y sus atributos, además de permitir la exhibición de una caja de diálogo que permitirá al usuario entrar con parámetros que servirán para la ejecución del plugin. El retorno de esa nueva funcionalidad siempre será una imagen (procesada o no). La nueva funcionalidad, para ser añadida, debe contener un archivo de configuración en texto sin formato que contendrá el atributo extension-class que indicará la ruta para la clase de la nueva funcionalidad que implementa ProcessImagePlugin.

**EJEMPLO**: Una nueva funcionalidad del sistema de edición de texto no podrá modificar la GUI de forma que añada más de un botón en el área de trabajo en su configuración estándar.

• Reglas para eliminación o desactivación de funcionalidades, sea durante el desarrollo, implantación o ejecución del sistema.

**EJEMPLO**: En el Videoclub, la eliminación de un servicio del módulo responsable del streaming para otros dispositivos será hecha en dos etapas. En la primera etapa, el servicio será marcado como deprecated, devolviendo así, además de la respuesta estándar, una flag avisando que en la próxima versión será descontinuado. Será aún puesta a disposición una solución que contorne la ausencia de ese servicio (servicios alternativos, por ejemplo). En la segunda etapa, que deberá suceder como mínimo 1 mes tras la primera etapa, el servicio será desactivado, devolviendo un mensaje estándar de error avisando que el servicio dejó de existir.

**EJEMPLO**: Si el consumo de recursos computacionales del Videoclub ultrapasa el 80% del total, algunos de sus servicios pueden ser completa o parcialmente desactivados. Un servicio que puede ser desactivado temporalmente sin que los usuarios lo perciban es el motor de sugerencia de películas. Cada usuario está acostumbrado a tener su lista de sugerencias actualizada sólo "de tiempo en tiempo", pero no tiene certeza de cuál es el intervalo real entre cada actualización, si la actualización tarda algunos minutos u horas de más en acontecer, difícilmente el retraso será notado. En casos extremos, debido a su gran consumo de recursos, el servicio de streaming de vídeo también puede ser desactivado. Sin embargo, esa decisión debe también tener en cuenta el grado de insatisfacción de los usuarios que causará y que, fatalmente, podría ser convertida en pérdida de facturación. Una alternativa es desactivar la transmisión de vídeo para sólo algunas opciones de resolución. Así, el grado de insatisfacción será menor, ya que sólo una parte de los usuarios no serán atendidos por el servicio de streaming.

- Reglas para modificación o mantenimiento de funcionalidades.

**EJEMPLO**: No habrá modificación del Web Services que realiza búsqueda y alquiler de películas en el Videoclub que es puesto a disposición para su uso por servicios externos. Si fuera realmente necesaria la modificación, dos Web Services quedarán disponibles: el antiguo, completamente soportado, y el nuevo, que pasará a ser adoptado por los nuevos sistemas a partir de la fecha de su lanzamiento. El antiguo sólo será desactivado tras la adopción del nuevo servicio por todos los servicios externos.

- Reglas de atención a atributos de calidad.

**EJEMPLO**: En la disponibilidad de parte de las funcionalidades, Ej., construcción de la lista de sugerencias de películas o transmisión de vídeos, es más importante que la indisponibilidad de todas las funciones: si el uso de los recursos computacionales alcanza el 100%, los usuarios comenzarán a no ser atendidos de forma controlada. Así, se prefiere que una pequeña parte de los usuarios no sea atendida, sólo los que desean acceder a películas en alta definición, la mayor parte, que son los que desean alquilar películas en definición estándar.

**EJEMPLO**: La puesta a disposición de una nueva funcionalidad en el Videoclub será realizada en etapas para el 10%, 25%, 50% y

100% de los usuarios. De esa manera, será posible evaluar el comportamiento de la nueva función en el sistema bajo carga real. Además de eso, la desactivación de la funcionalidad podrá ser hecha a través de un flag de control, permitiendo el retorno a funcionalidades anteriores del sistema en caso de sobrecarga de los recursos por parte de la nueva funcionalidad.

**EJEMPLO**: Antes de la implantación de una nueva versión de un servicio de infraestructura, digamos, una nueva base de datos, la carga generada por los usuarios de la versión antigua será esperada para la nueva versión. Así, será posible evaluar su comportamiento con una carga real y, por lo tanto, saber lo que esperar cuando sustituyamos la versión en producción.

En próximos capítulos, volveremos a las decisiones arquitecturales, donde aprenderemos a estructurarlas en categorías y a documentarlas.

## *Atributos de calidad*

Una de las principales preocupaciones de la arquitectura es la atención a los atributos de calidad del sistema. Atributos de calidad, como ya introducidos en el capítulo anterior, son la manera en como el sistema ejecutará sus funcionalidades. Esos atributos son impuestos por los diversos interesados en el sistema y pueden ser clasificados en tres tipos: atributos del producto, atributos organizacionales y atributos externos.

Atributos de calidad del producto son aquellos que dictan como el sistema va a comportarse. Ejemplos clásicos de ese tipo de atributo de calidad son escalabilidad, rendimiento, disponibilidad, nivel de comprensión o portabilidad.

**EJEMPLO**: Los sistemas de redes sociales acostumbran a tener una gran masa de usuarios. Como, a partir del lanzamiento de un sistema de ese tipo, su masa de usuarios crece bastante, es deseable que el crecimiento del consumo de recursos en relación al crecimiento del número de usuarios no sea muy acentuado – de forma que la escala sea viable para la gestión del sistema. Para atender ese requisito, la arquitectura debe estar muy bien pensada en términos de consumo de recursos por usuario, quitando provecho de diversas técnicas como caching, procesamiento asíncrono y replicación, entre otras.

**EJEMPLO**: Un requisito deseable en un videojuego es que esté disponible para diversas plataformas de entretenimiento. Como diferentes plataformas tienen diferentes especificaciones o usan diferentes tipos de hardware, alcanzar la portabilidad puede no ser trivial. Entre las técnicas de portabilidad, la más usada acaba siendo la abstracción de los aspectos específicos a la plataforma – principalmente el hardware, más específicamente primitivas de dibujo en pantalla o almacenamiento en disco – de la lógica del juego. Así, toda o buena parte de la capa lógica es re-usada, mientras las capas de niveles más bajos de abstracción son portadas para las diferentes plataformas.

Los atributos de calidad organizacionales, por otro lado, son consecuencia de políticas o procedimientos organizacionales. En otras palabras, el sistema debe respetar estándares o reglas impuestas por una o más organizaciones dirigidas para atender a esos requisitos.

**EJEMPLO**: Si un sistema que servirá de infraestructura será producido para una organización o empresa que ya posee diversos sistemas que implementan el estándar Web Services Distributed Management (Gestión Distribuida de Web Services), la adopción de ese estándar en la arquitectura del nuevo sistema es un requisito a ser atendido, por ser impuesto por la organización en cuestión. La adopción de ese estándar implica la puesta a disposición vía Web Services de servicios de activación, consulta y desactivación del sistema o parte de él, que tendrá impacto en la arquitectura del sistema como un todo.

Por fin, restan los llamados atributos de calidad externos, que no son impuestos por el proceso de desarrollo ni por el proyecto del sistema. En ellos se encajan leyes impuestas sobre software o requisitos de interoperabilidad entre sistemas.

**EJEMPLO:** Para el Videoclub atraer usuarios de otros sistemas (Ej., redes sociales), se percibió que debe ser capaz de agregar el perfil del usuario existente en los otros sistemas. Ese tipo de agregación (que permitiría no sólo la visualización de los perfiles compartidos entre los diversos servicios, sino también su edición), impactará profundamente en la arquitectura del sistema, una vez que será necesario organizar datos locales y datos compartidos por terceros, además de mantener todos los datos sincronizados a lo largo del tiempo y de las eventuales modificaciones.

## Midiendo atributos de calidad

Es importante notar que para definirse el éxito del software en relación a los atributos de calidad, necesitamos medir cuánto satisface el sistema a esos atributos. En un primer momento, esa medición de éxito parece simple: "basta considerar el valor esperado del atributo de calidad, digamos, `el sistema debe estar disponible el 99,999% del tiempo'; medir si él alcanza los valores esperados, `en un periodo de 1 año, el sistema estuvo parado 1 hora'; y, por fin, atestar su éxito o fracaso: `1 hora equivale a 0,0114% y, por lo tanto, el sistema no atendió al requisito de disponibilidad." Sin embargo, no es fácil establecer métricas cuantitativas para atributos de calidad como testabilidad, usabilidad o sostenibilidad y, por lo tanto, no es fácil atestar el éxito en relación a esos atributos.

## Relacionando atributos de calidad

Además de ser difíciles de medir, los atributos de calidad se relacionan entre sí de forma que uno puede permitir, ayudar o aún dificultar la atención de otros. Esas relaciones entre atributos acontecen aunque ellos sean de tipos diferentes.

**EJEMPLO**: Una forma de aumentar el rendimiento del sistema es disminuir los niveles de indirección usados en la comunicación entre dos elementos cualesquiera en el Videoclub. Un caso simple sería hacer que algunas llamadas presentes en la capa de presentación usaran directamente la capa de bases de datos, sin usar la lógica de negocio. Esa medida haría las llamadas de la presentación más rápidas, si bien menos llamadas remotas serían ejecutadas. Sin embargo, cuando disminuimos las capas de abstracción entre dos elementos inicialmente distintos, aumentamos el acoplamiento entre ellos y, por lo tanto, dificultamos su comprensión o incluso su testabilidad.

Así en el ejemplo que se muestra a continuación, el atributo de seguridad afecta a dos atributos distintos: el rendimiento y la usabilidad del sistema.

**EJEMPLO:** Una forma de aumentar la seguridad de un sistema operativo es requerir autorización del usuario para la realización de ciertas operaciones. Sin embargo, el proceso de verificación del usuario (además de todos los elementos y abstracciones del sistema relacionados con la seguridad: unidad certificadora, unidad verificadora, listas de control de acceso, entre otros) deteriorará el rendimiento de la aplicación, dado que consumirá recursos que podrían ser destinados a la operación en sí - no a un aspecto no-funcional de ella. Además de eso, el sistema va a quedar menos usable, una vez que pedirá una verificación, sea una señal, impresión digital o certificado, para cada operación sensible a ser ejecutada.

El principal motivo que hace que atributos de calidad entren en conflicto es que ellos sean impuestos por más de un interesado en el software. Así, al igual que las preocupaciones de diferentes interesados pueden entrar en conflicto, los atributos de calidad también lo harán. Así, cabe a la arquitectura resolver, ponderar o al menos mediar esos conflictos, considerando así los diversos trade-offs envueltos para alcanzarse los objetivos del software. El ejemplo siguiente muestra atributos de rendimiento y portabilidad en conflicto.

**EJEMPLO:** Un cliente de un juego para móvil solicitó que el juego tuviera un buen rendimiento en los diversos aparatos disponibles en el mercado. Sin embargo, el gerente del proyecto sugiere que el tiempo gastado para portar el software de un aparato a otro sea mínimo, ya que el plazo del proyecto en cuestión es corto. Podemos entonces observar dos requisitos en conflicto: rendimiento y portabilidad.

Ese conflicto ocurre porque las técnicas para alcanzar ambos requisitos son divergentes. Para alcanzar portabilidad, normalmente es necesario el uso de diversas capas de abstracción, principalmente de hardware. Sin embargo, la adición de esas capas de abstracción significa una pérdida en rendimiento, una vez que aumentará el número de llamadas necesarias para realizarse cualquier operación. Y eso se hace aún más significativo en el caso de los aparatos móviles, que pueden ser limitados en términos de recursos computacionales como procesador o memoria.

Así, la arquitectura del sistema tendrá que ponderar entre las técnicas disponibles de modo que atienda en parte a cada requisito y, así, ambos interesados queden satisfechos.

Otros atributos de calidad que normalmente entran en conflicto son los atributos de usabilidad y seguridad, como veremos en el ejemplo de a continuación. En ese caso, ambos atributos fueron solicitados por el mismo interesado, el usuario, y, aún así, entraron en conflicto.

**EJEMPLO**: Cuando usando un sistema operativo, un mismo usuario busca atributos de seguridad y usabilidad para sus operaciones, para seguridad, él desea que sus operaciones en el sistema o sus resultados no se vean afectados por acciones de otros usuarios. Ese atributo, que en la arquitectura implicará soluciones de autenticación, verificación, listas de permisos, etc., impondrá que las tareas realizadas por cualquier usuario eventualmente tendrán su autenticidad y permiso verificados. Esa interrupción para realizar las debidas autorizaciones deteriora la atención del atributo de usabilidad, una vez que el usuario tendrá sus actividades interrumpidas por algo que no genera resultado para él.

Veremos más sobre atributos de calidad de software, sus relaciones, como alcanzarlos y sus interesados en capítulos posteriores.

## *VISIONES DE LA ARQUITECTURA*

Como consecuencia de la existencia de diversos interesados en los objetivos alcanzados por el software, la arquitectura también poseerá diversos interesados. Sin embargo, una vez que los interesados en el sistema tienen diferentes preocupaciones y niveles de conocimiento, la arquitectura no debe ser expuesta de la misma manera para interesados diferentes. Para resolver ese problema, surge el concepto de visiones arquitecturales.

**EJEMPLO**: Considerando la arquitectura del Videoclub, veamos las preocupaciones de dos interesados diferentes: el implementador y el responsable de la disponibilidad del sistema en producción. El implementador está preocupado con módulos, clases y algoritmos que él y su equipo tendrán que construir, como y con cuáles subsistemas esos módulos irán a comunicarse o aún que restricciones de comunicación fueron impuestas en su diseño.

Así el responsable de la disponibilidad está preocupado en como el Videoclub está distribuido entre las máquinas, que funcionalidades serán afectadas si un conjunto específico de máquinas deja de funcionar o como será posible realizar el cambio de un servidor sin afectar el tiempo de inicio de una transmisión de vídeo.

Podemos observar que hay preocupaciones bien diferentes entre los dos interesados y así percibir que dimensiones bien diferentes de la arquitectura son necesarias para satisfacerlos. Para el primero, la arquitectura debe mostrar que módulos lógicos (paquetes, clases, bibliotecas) componen el sistema, además de las relaciones de comunicación y restricción entre ellos. Ya para el segundo, la arquitectura debe mostrar como el sistema está dividido físicamente, que partes del sistema se están ejecutando en que ordenadores, cuáles son los links físicos entre esos ordenadores, etc.

Una visión arquitectural es una representación de la información (o parte de ella) contenida en la arquitectura de forma que se adecue a las necesidades de uno o más interesados. Ella facilita la comprensión de la arquitectura por parte del interesado, una vez que va a filtrar y dar formato a la información de acuerdo con las necesidades y preocupaciones del interesado en cuestión.

Definición de Visión arquitectural:

Es la representación del sistema o de parte de él desde la perspectiva de un conjunto de intereses relacionados.

No podemos olvidar que el propio arquitecto también puede quitar provecho de ese concepto durante el proceso de diseño de la arquitectura. Cuando un arquitecto hace un diseño, él usa el concepto de visiones arquitecturales para así enderezar las diferentes preocupaciones del sistema por vez. De esa manera, él divide el problema de diseño en problemas más pequeños y, consecuentemente, menos complejos: él endereza cada atributo de calidad – cada aspecto del sistema – que serán alcanzados por esa arquitectura. Atacando una visión por vez, el arquitecto puede, por ejemplo: primero definir las particiones lógicas, o sea, los módulos funcionales que compondrán el sistema – y así considerar una visión lógica del sistema; definir las particiones dinámicas del sistema, o sea, que procesos, threads y protocolos estarán presentes en el sistema – considerar una visión de dinámica; definir las particiones desde el punto de vista de la implementación, o sea, que clases, paquetes y bibliotecas compondrán el sistema – considerar una visión de desarrollo; y, por fin, definir donde las partes dinámicas se ejecutarán, o sea, donde y en que máquinas los diversos "ejecutables" del software estarán implantados, además de cómo ellos van a comunicarse – considerar una visión de implantación del sistema.

## EL DOCUMENTO DE ARQUITECTURA

Considerando lo que mencionamos hasta ahora sobre arquitectura de software, percibimos que ella proporciona diversos beneficios: proporciona atención de atributos de calidad, ayuda en la comunicación entre los interesados en el sistema y guía la evolución del sistema. Sin embargo, hasta ahora, sólo hablamos de la arquitectura cómo algo abstracto. O sea, sólo hablamos de ella como una propiedad impuesta o emergente de un sistema, pero no hablamos de cómo documentarla, ni fuimos específicos en cuanto a los beneficios proporcionados por su documentación.

Un documento de arquitectura no es nada más que un documento que describe la arquitectura del sistema y, por lo tanto, describe elementos, relaciones y decisiones arquitecturales del sistema en cuestión. Así, los beneficios de documentar la arquitectura se hacen análogos a los beneficios proporcionados por la propia arquitectura. Sin embargo, por el documento de arquitectura ser un artefacto concreto, él podrá ser reproducido, re-usado, comunicado y analizado contra el código generado a partir de la arquitectura en cuestión.

En resumen, la documentación de la arquitectura proporcionará los siguientes beneficios:

• Ayudará en la introducción de nuevos miembros al equipo de desarrollo del sistema, una vez que es un documento que abstrae el sistema a diferentes visiones que representan diferentes preocupaciones;

**EJEMPLO**: Un nuevo desarrollador que acaba de ser contratado y pasa a integrar el equipo de desarrollo de un sistema que ya suma 250 mil líneas de código. Para que ese desarrollador se familiarice con el sistema, no es una buena idea que él bucee en el código de cabeza, sino entender por partes como funcionan las cosas. Esos niveles de abstracción hasta llegar al código propiamente dicho deben estar disponibles en la arquitectura del sistema, que se mostrará un buen punto de partida para la comprensión del sistema.

• Servirá de puente para la comunicación entre los diversos interesados en el sistema. Una vez que la arquitectura es proyectada para satisfacer a diversos interesados, su documentación también lo será. El documento de arquitectura servirá de esquema conceptual para comunicación entre los diferentes interesados en el sistema, una vez que define los elementos y relaciones que lo componen.

**EJEMPLO**: Usando la arquitectura para mapear costes a funcionalidades que el sistema proveerá, el gerente puede justificar a la entidad o persona que financia el proyecto la necesidad de adquirirse una licencia para una base de datos específica. O aún citar cuáles serán las consecuencias si esa licencia no es adquirida: la funcionalidad procedente del banco deberá ser entonces implementada por el equipo de desarrollo, que necesitará de dos meses para ello. Esa posibilidad de "navegar" por el sistema y por las diversas visiones, sea la de gerente, sea la de la entidad que financia el proyecto o del desarrollador, es facilitada por el documento de arquitectura.

• Servirá como modelo del sistema para el análisis. Una vez que es una representación manipulable del sistema, la documentación podrá ser analizada, para que contenga información suficiente para ello.

**EJEMPLO**: La arquitectura del Videoclub, dividida en tres capas (presentación, lógica de negocio y bases de datos), describe que cada capa estará ejecutada en máquinas diferentes. Es correcto que la descripción de cada capa posea informaciones de cuantas máquinas serán necesarias para determinada carga de usuarios, como máquinas de la misma capa se comunicarán y también como ellas se comunicarán con máquinas de diferentes capas. Así, con esas informaciones, es posible algún tipo de análisis y estimación del coste del sistema en producción (Ej., número de

CPUs por hora, banda pasante entre las máquinas o banda pasante disponible para los usuarios), inclusive con base en el crecimiento del número de usuarios, aunque el sistema aún no haya sido construido.

• Dificultará una especificación imprecisa. Cuando el arquitecto proyecta la arquitectura, pero no la materializa en un documento, puede haber puntos de discordancia que eventualmente no serán evaluados por, simplemente, no ser explícitos.

**EJEMPLO**: En un sistema de control de vuelo, donde hay vidas en riesgo, el documento de la arquitectura es también un contrato. Él es evaluado por cada interesado en cuestión, que debe consentir con la forma de cómo serán realizadas las funciones del sistema y como serán medidos sus atributos de calidad de forma para garantizar el éxito del sistema antes aún de que ese sea construido.

*DIFICULTADES*

Sin embargo, documentar la arquitectura es tan o más difícil que crearla. Los principales motivos son tres: el documento refleja la complejidad de la arquitectura, que generalmente es alta; el documento refleja el tamaño de la arquitectura, que lo hace costoso de construir y ser leído; y el documento, por su tamaño y complejidad, es difícil de mantener consistente con el sistema que él describe.

La complejidad del documento surge principalmente de la necesidad de mostrar de diferentes maneras los diferentes aspectos de la arquitectura, o sea, de la necesidad de mostrar las diferentes visiones de la arquitectura. Cada visión posee una forma mejor de ser representada y también debe ser consistente con las otras visiones.

**EJEMPLO**: En la documentación de la arquitectura del Videoclub podemos observar, entre otras, dos visiones diferentes: una visión que muestra aspectos dinámicos y otra que muestra el sistema estáticamente.

La visión estática muestra los principales módulos funcionales del software y fue representada por un diagrama de clases en Unified Modeling Language (UML) conteniendo los módulos funcionales y su descripción. Entre esos módulos funcionales, podemos encontrar el responsable para dar de alta a los usuarios, el responsable de dar de alta las películas, el responsable de sugerir nuevas películas a los usuarios y el responsable del streaming de las películas.

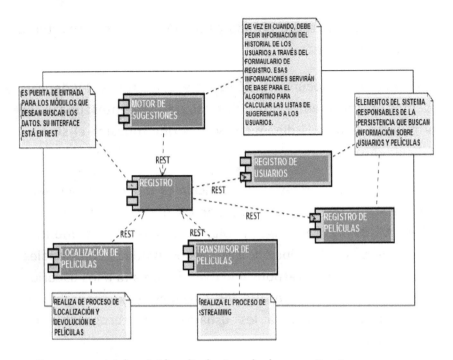

Por su parte la visión dinámica de la arquitectura se preocupa de mostrar los módulos que poseen un comportamiento dinámico en el sistema. Aquí, ellos fueron representados por un diagrama de secuencia, también en UML, que muestra su comportamiento y sus interacciones con otros módulos. Obviamente, los módulos usados en esa visión deben tener correspondientes en la visión estática.

*Una visión dinámica de la arquitectura del Videoclub, mostrando el comportamiento de algunos módulos durante el proceso de transmisión de una película.*

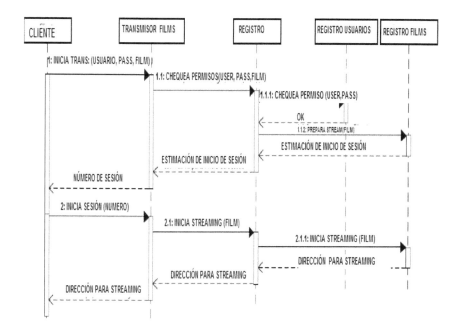

Los documentos grandes suponen mucho tiempo para ser construidos. Además de eso, documentos grandes, en la práctica, no son usados a menos que proporcionen al desarrollo un beneficio mayor que el coste de leerlo. Esa realidad puede ser traducida en dos fases. En la primera, es un hecho el gran esfuerzo para construir el documento de arquitectura. Aún en esa fase, el documento es completo y consistente con el sistema, además de tener el potencial para proveer los beneficios de una arquitectura bien documentada. Sin embargo, la segunda fase consiste en el proceso de des-actualización del contenido del documento, que ocurre por fallo en el proceso o por el alto coste de mantenerse el documento consistente y que tiene por consecuencia la inutilización del documento de arquitectura y el posible aumento de la entropía en el sistema.

El problema de la inconsistencia de la arquitectura con el código sucede porque, en muchos procesos de desarrollo, la arquitectura evoluciona a lo largo del tiempo, sea una evolución planeada o no. Una evolución no-planeada puede suceder de la forma descrita en el ejemplo que se indica a continuación.

**EJEMPLO**: Recordando la arquitectura del Videoclub, esta fue dividida en tres capas: presentación, lógica de negocio y bases de datos, una de las decisiones impuestas dicta que la capa de presentación sólo puede comunicarse con la lógica de negocio. Sin embargo, un desarrollador, midiendo que la exhibición de la interfaz está tardando porque la carga de las imágenes necesarias es lenta, resuelve modificar la interfaz para que proceda de la siguiente manera: El pedido de las imágenes es hecho directamente a la capa de bases de datos, suponiendo así el overhead de la capa lógica para ello. Una vez que él nota que el rendimiento de acceso de la interfaz con el usuario es satisfactorio, él añade ese cambio al código.

Sucede que, con eso, él añadió un cambio también en la arquitectura del sistema. A partir de ahí, hay comunicación entre el módulo de interfaz y de bases de datos, haciendo que la documentación de la arquitectura esté inconsistente en relación al código del sistema.

# ¿POR QUÉ DOCUMENTAR LA ARQUITECTURA DE SOFTWARE?

Como ya fue mencionado en el estándar ISO/IEEE 1471-2000, la arquitectura de un sistema existe independientemente de haber sido documentada o planeada. Sin embargo, en pequeños sistemas, pensar, planear, documentar y mantener la arquitectura puede no ser necesario: un conjunto de clases y paquetes o de módulos con sus relaciones y evolución mínimamente pensados (o una Big Ball of Mud) puede atender a los requisitos funcionales y los atributos de calidad del sistema. Normalmente, eso acontece cuando los requisitos no son difíciles de ser atendidos. Así, todos los interesados quedan satisfechos – que pueden no ser muchos o estar en conflicto – y el sistema alcanza el éxito esperado.

**EJEMPLO:** Pensemos en un pequeño sistema que servirá para la organización de una modesta alquiladora de películas. Esta será capaz de dar de alta, recuperar, actualizar y eliminar películas, dar de alta, recuperar, actualizar y eliminar DVDs de películas, dar de alta, recuperar, actualizar y eliminar clientes, realizar alquileres, devoluciones y reservas.

Si la ejecución de ese sistema es para sólo una única tienda física, sus requisitos serán lo suficientemente simples como para que ni necesitemos de una documentación que lo abarque (o incluso necesitar de cualquier documentación): esta será de escritorio, tendrá sólo un usuario trabajando sobre el sistema, su carga, por haber sólo un usuario, será bajísima, además de que los datos almacenados en el sistema, por mayor que sea la tienda, no llegará a límites intratables por un sistema simple. Podemos observar que un sistema con esos requisitos puede ser desarrollado y mantenido hasta por un desarrollador poco experto.

En casos así, realmente, los costes de planear, documentar y mantener la arquitectura serían mayores que los beneficios proporcionados por ella.

Sin embargo, cuando los sistemas crecen, pensar en arquitectura – en los atributos de calidad y en las múltiples visiones e interesados involucrados –, y documentarla se hace necesario.

Observaremos esa necesidad en los dos ejemplos siguientes: a pesar de ser ejemplos de sistemas funcionalmente semejantes al del ejemplo anterior, tienen requisitos no-funcionales que imponen la necesidad de una arquitectura bien pensada y documentada.

**EJEMPLO**: El sistema de alquiler ahora tiene que servir a dos filiales más. Así, el sistema debe estar funcionando en las tres tiendas y debe existir un alta único de nuevas películas, nuevos DVDs y nuevos clientes, y tanto el alquiler como la devolución pueden ser hechas en cualquier tienda de la red de tiendas. El sistema se hace multiusuario, ahora más de un usuario puede usarlo a la vez, y es distribuido, por tener que mantener su estado consistente entre las diversas tiendas físicas existentes.

Surgen ahora preocupaciones de rendimiento, tolerancia a fallos y backup y consistencia de datos. Otras dudas también surgen: ¿Será una base de datos céntrica para las tres tiendas? ¿Será una base distribuida? Si fuera céntrica, ¿que hacer en caso de que no sea posible comunicarse con él? Si fuera distribuido, ¿Como mantener la consistencia entre los datos? ¿Un trabajador de una tienda puede acceder el sistema de otra tienda? ¿Lo que un trabajador de una tienda tiene permiso para hacer puede hacerlo en otra tienda? ¿La reserva de una película es sólo para una tienda física o será válida para todas? Y así sucesivamente.

De esta forma, podemos percibir que una simple visión de descomposición de clases deja de ser el único artefacto necesario para entender el sistema. Necesitamos ahora de un artefacto que represente los estados del sistema durante la ejecución, sea en condiciones normales de operación (Ej., como funciona el procedimiento de reserva de películas entre las tiendas de la red) o sea cuando surgen problemas (Ej., el link de comunicación entre las tiendas cayó), sólo para ejemplificar algunas preocupaciones.

Podemos notar que todas esas preguntas afectarán a como el sistema estará organizado internamente, pero no afectarán a sus funcionalidades, que continuarán siendo las del ejemplo anterior. Inferimos también que la arquitectura de ese sistema y su documentación serán más complejas que la del anterior.

Sin embargo, en el caso del Videoclub, percibimos que la arquitectura puede complicarse aún más, aún considerando casi las mismas funcionalidades. Una arquitectura aún más compleja necesita de una documentación aún más completa para ayudar en el desarrollo y mantenimiento de ese sistema de software.

**EJEMPLO:** La organización interna del Videoclub cambiará aún más. Las decisiones que antes permitían que el sistema rodara para las tres tiendas en una misma ciudad no serán más válidas cuando hablamos de diversos puntos de distribución esparcidos por el país.

De esa manera, observamos que las decisiones de rendimiento, disponibilidad de los datos y políticas de acceso cambian y, como aumentan también en cantidad, se hace más evidente la necesidad del registro de esas decisiones en algún tipo de documento para consulta, resolución de discusiones y verificación de conformidad.

Adicionalmente, en un sistema como el Videoclub, el número de interesados aumenta: desde el usuario que debe entender que tipos de locación y reserva están disponibles, pasando por los responsables del soporte al usuario, los responsables de la disponibilidad de diversos subsistemas (alquiler, streaming, datos, backup, etc.), gerente de marketing, equipo de desarrollo, gerente de proyecto, gerente de la empresa. Aumentando así la responsabilidad de obtenerse un sistema capaz de satisfacer a todos ellos.

Cada uno tendrá un conjunto diferente de preocupaciones sobre el sistema. Sea el responsable de mantener el sistema en el aire, que necesita saber cuántos recursos están siendo consumidos en cada momento; sea el equipo de implementación, que necesita descubrir cómo añadir una nueva funcionalidad sin quebrar las anteriores; sea el gerente del proyecto, que debe decidir si contratar más desarrolladores para implementación o comprar soluciones ya disponibles.

Cada uno de ellos estará preocupado también con las calidades diferentes del sistema: el responsable de la disponibilidad del sistema quiere saber como el sistema escala si la base de usuarios se duplica; el equipo de implementación está preocupado en dejar el sistema más estable para que la implementación de la nueva funcionalidad sea más fácil; y, por otro lado, el gerente quiere saber si el desarrollo del sistema es posible con un equipo de desarrolladores más pequeño que el actual.

Esas preocupaciones serán dirigidas por el documento de arquitectura del Videoclub, que contiene diversas visiones orientadas a las diversas preocupaciones de los interesados. Una visión de implementación interesará al responsable de la disponibilidad, así como una visión de descomposición interesará al equipo de desarrollo, así como una visión de implementación interesará al gerente del proyecto, haciendo entonces que el documento de arquitectura posea diversas visiones y se haga un documento complejo.

Lo más importante a observarse en ese ejemplo (y en el estudio del Videoclub) es que el diseño y la documentación de la arquitectura no son actividades fáciles. El arquitecto escogido para resolver ese problema debe (1) conocer a los interesados, (2) conocer los atributos de calidad impuestos al sistema por esos interesados, (3) conocer las relaciones y trade-offs entre interesados y atributos de calidad, (4) conocer técnicas, estándares y herramientas que permitan la atención a los atributos, y (5) documentar la solución del problema, de forma que los interesados entiendan y quiten provecho del documento generado.

## *RESUMEN*

El objetivo de este libro es hacer que el lector sea capaz de entender los aspectos de la arquitectura citados anteriormente, pudiendo realizar algunas de las diversas funciones realizadas por un arquitecto de software. De esa manera, el objetivo de este capítulo fue dar una visión general del conocimiento necesario para ello, fundamentándolo con algunos ejemplos y definiciones. Así, esperamos que el lector, a partir de ahora:

• entienda y ejemplifique los principales conceptos relacionados con la arquitectura de software; y

• entienda y ejemplifique las principales características y beneficios proporcionados por la arquitectura de software en el proceso de desarrollo.

Ya en el próximo capítulo, conoceremos a los principales interesados que deben ser contemplados por la arquitectura, además de sus características y relaciones. En el capítulo siguiente, entenderemos mejor los atributos de calidad impuestos por esos interesados, además de presentar algunas técnicas para atender esos atributos. Enseguida, tendremos un capítulo enfocado a estándares arquitecturales, una vez que el uso de estándares en el diseño de la arquitectura es una técnica esencial al arquitecto. Por fin, en el último capítulo, aprenderemos a documentar la solución que atenderá a los interesados y atributos del sistema.

## *REFERENCIAS*

*HISTÓRICO DEL ÁREA*

A pesar de que el énfasis en la Arquitectura de Software como disciplina ocurrió sólo durante la década de 1990 con autores como por ejemplo Perry y Wolf y Garlan y Shaw, podemos encontrar trabajos de las décadas de 1960 y 1970 que ya citan algunas técnicas y beneficios del área. Entre ellos, encontramos Dijkstra, Parnas y otros. Más informaciones sobre el histórico de la disciplina pueden ser vistas en The Past, Present, and Future of Software Architecture, de Kruchten, Obbink y Stafford.

## *EVOLUCIÓN DEL SOFTWARE*

La evolución del Software es bien estudiada en el libro editado por Mens y Demeyer, Software Evolution y en los trabajos de Parnas, Van Gurp y Bosch y Eick et al. Más informaciones sobre la Big Ball of Mud pueden ser encontradas en Foote y Yoder.

## *ELEMENTOS DE UNA ARQUITECTURA*

La división de los elementos arquitecturales en estáticos y dinámicos es hecha originalmente por Rozanski y Woods en Software Systems Architecture: Working With Stakeholders Using Viewpoints and Perspectives. Así la discusión sobre clasificación de los atributos de calidad puede ser encontrada en el libro Software Engineering, de Sommerville. Por fin, podemos citar algunas referencias importantes sobre visiones arquitecturales: The 4+1 View Model of Architecture de Kruchten, Documenting Software Architectures: Views and Beyond Clements de Clements et al y el estándar ISO/IEEE 1471-2000.

# STAKEHOLDERS

El ciclo de vida del software está compuesto por diversas responsabilidades atribuidas as personas, grupos y entidades a quienes llamamos stakeholders o interesados (implicados). Entre esas responsabilidades, podemos citar la financiación, el proyecto, el desarrollo, la prueba, el uso y el mantenimiento del software. La arquitectura, por su parte, tiene como objetivos facilitar el cumplimiento de las responsabilidades de los stakeholders o implicados, cómo atender a sus necesidades. Entre las necesidades, citamos la urgencia por rendimiento, diversos aspectos de seguridad y usabilidad. Por su parte, el cumplimiento de esos objetivos tiene impacto directo en los atributos de calidad exhibidos por el software. Por lo tanto, los stakeholders o partes implicadas tienen fuerte influencia sobre la arquitectura del software y también sobre los atributos de calidad que este contendrá a lo largo de su ciclo de vida y por eso es por lo que les dedicamos un capítulo.

Este capítulo tiene como objetivo hacer que el lector sea capaz de:

• Entender el concepto de stakeholders de la arquitectura de un software

• Identificar algunos stakeholders y su influencia en una arquitectura

• Relacionar stakeholders con los atributos de calidad impuestos a un software

• Entender que los stakeholders también se relacionan entre sí, pudiendo, incluso, entrar en conflicto

## ¿QUIENES SON LOS INTERESADOS EN UN SISTEMA DE SOFTWARE?

Es común hallar como principales interesados en el ciclo de vida de un software a sus usuarios y a sus desarrolladores. Ocurre que ellos no son los únicos involucrados o, al menos, son grupos homogéneos en términos de intereses y necesidades.

Sin embargo, para tener un punto de partida, vamos a considerar un escenario en que existan sólo esos dos grupos y algunas simplificaciones. En ese escenario, ambos grupos son homogéneos, es decir, todos los usuarios y desarrolladores presentan los mismos intereses y necesidades, y los usuarios se encargan de imponer las necesidades, mientras los desarrolladores cuidan que esas necesidades sean alcanzadas a través del producto de software.

Para montar ese escenario, vamos a partir de un sistema parecido al ejemplo del Videoclub y, poco a poco, retirar intereses y necesidades de los involucrados para observar sus influencias en el software y en su arquitectura. Ese proceso es ilustrado a través del siguiente ejemplo:

**EJEMPLO**: Vamos a considerar una simplificación del Videoclub que llamaremos SSF (Sistema de Streaming de Películas). Es más sencillo porque realiza sólo una de las dos principales funcionalidades del Videoclub: transmitir películas. Por su semejanza, consideraremos que posee un conjunto de interesados parecido al del Videoclub. Sin embargo, para componer un escenario sin conflictos, vamos a comenzar descartando las distribuidoras de películas de ese conjunto.

Con eso, pasamos la responsabilidad de hacer disponibles las películas a los usuarios que inicialmente usan el software sólo para los asistentes. Pero, las distribuidoras no son consideradas interesadas sólo por hacer disponibles las películas. Ellas tienen también la preocupación de que el software respete los derechos de autor de esas películas. Por lo tanto, el Videoclub y el SSF están obligados a sólo permitir la transmisión de películas a personas autorizadas e impedir la redistribución de vídeos por parte de los usuarios. Esas obligaciones tienen efecto en la arquitectura de ambos productos, ya que tiene que proporcionar no sólo medios de autenticar y autorizar usuarios, para distinguir usuarios que asisten de los usuarios que distribuyen películas, sino también proporcionar medios para impedir o dificultar la redistribución del contenido transmitido.

La autenticación y autorización son hechas por un módulo responsable de dar de alta y autenticación de usuarios y creación de sesiones de uso. Ese módulo proporciona opciones para darse de alta como distribuidor o consumidor de películas. Para darse de alta, el usuario debe suministrar informaciones para contacto cualquiera que sea su papel. Sin embargo, mientras que la cuenta para un consumidor es creada cuando el número de su tarjeta de crédito es verificado junto la operadora, lo mismo no ocurre para la cuenta del distribuidor.

Para el alta de un consumidor ser efectuada, es necesaria una verificación no-automática de su autenticidad. Esa verificación es iniciada a partir de una notificación por email, que indica el distribuidor recién-registrado y que es enviado a las personas del departamento responsable de la verificación de usuarios.

La protección contra redistribución del contenido transmitido, por su parte, es realizada por medio de la Gestión de Derechos Digitales (GDD). Por eso, la arquitectura no sólo define el servidor de stream, sino también la aplicación cliente y reproductor de películas que es el único capaz de decodificar el vídeo.

Por otro lado, al descartar a las distribuidoras de películas de su grupo de interesados, el SSF queda libre de las restricciones impuestas por ellas y pasa a no necesitar de una arquitectura que permita autenticación y autorización para distribución de películas, ni protección del contenido distribuido. Por eso, su arquitectura puede ser simplificada. Una forma de simplificar más es no usar la GDD. De esa manera, queda decidido que la transmisión será hecha usando cualquier formato de vídeo ampliamente adoptado por los reproductores de medios. Esa decisión excluye lo que antes era la necesidad: implementar un reproductor de películas propio, pero también mejora la usabilidad, una vez que ahora el usuario es libre para ver películas con el reproductor que desee.

La desconsideración de sólo un grupo de interesados causó cambios profundos tanto en los atributos de seguridad, como en los de usabilidad del sistema y, como consecuencia, causó cambios también en la arquitectura. Si continuáramos la simplificación de nuestro escenario y desconsideráramos el cliente del software, podríamos entonces descartar la necesidad de un bajo coste de desarrollo y operación. Así, para alcanzar el rendimiento esperado por los consumidores de películas, la arquitectura del SSF podría adoptar una técnica simple, sin embargo cara: servir más rápido, basta sólo disponer de más recursos computacionales, por ejemplo, procesadores, HDs, memoria y conexiones mayores, más rápidos y en mayor número. Con esa decisión de aumentar los recursos sin importar el precio, el SSF podría no sólo servir a los usuarios más rápido, sino también servir a más usuarios.

El rendimiento es un atributo comúnmente esperado por los usuarios, que nunca quieren esperar por el servicio. La escalabilidad no es un atributo requerido explícitamente por ellos, pero se hace necesario cuando el número de usuarios aumenta y no se acepta que el rendimiento se degrade.

Ese abordaje de sólo mejorar el hardware para servir a una mayor demanda es lo que en el próximo capítulo llamamos escalabilidad vertical. La escalabilidad vertical acostumbra a ser cara y tener un límite más pequeño de crecimiento en relación a su alternativa, que es la escalabilidad horizontal. En ese segundo tipo de escalabilidad, la organización del software y como se comunica realiza un papel esencial para atender a la gran demanda de usuarios, aun cuando ejecutamos hardware de menor capacidad. En otras palabras, hay un mejor aprovechamiento de los recursos disponibles, algo que sólo puede ser alcanzado por medio de una arquitectura bien pensada.

Es importante recordar que dentro de un mismo grupo de interesados pueden existir intereses en conflicto entre sí. Finalmente, un grupo puede organizarse en subgrupos de intereses comunes, pero un subgrupo puede demostrar intereses en conflicto con otro subgrupo. Por lo tanto, subgrupos diferentes de usuarios o de desarrolladores resultan en requisitos diferentes, que significan atributos de calidad diferentes y que son fruto de arquitecturas diferentes.

Podemos observar eso en el estudio de caso (también citado en el ejemplo anterior), cuando el grupo de usuarios se organiza en dos subgrupos: los que se dan de alta en el sistema para alquilar películas y las distribuidoras de películas. El resultado de esa división y el conflicto pueden también ser observados en el ejemplo. Por un lado, las distribuidoras imponen sus requisitos de protección a los derechos de autor. Por otro, los usuarios tienen la forma de interacción con el sistema modificada, una vez que deben usar un reproductor de películas específico para que los requisitos de las distribuidoras sean alcanzados. En resumen, aun formando parte de un mismo grupo de involucrados, la influencia de cada subgrupo no puede ser desconsiderada, una vez que ella puede ser lo bastante grande para modificar, incluso, la forma de que otros subgrupos interactúen con el sistema.

## *Importancia de los interesados*

Podemos observar por medio del anterior ejemplo que la presencia o ausencia de un interesado tiene gran influencia en la arquitectura. Además de eso, es común que su ausencia dé espacio para simplificaciones en las decisiones arquitecturales. Note que una arquitectura más simple no necesariamente significa un producto con desarrollo más barato o ejecución más rápida.

Sin embargo, en el mundo real, los involucrados no se limitan a usuarios y desarrolladores. Hay diversos tipos de personas implicadas que influyen en el desarrollo del software de diversas maneras diferentes. Esos implicados que influyen en el ciclo de vida del software también son llamados stakeholders. Debido a que el concepto de stakeholders es bastante amplio y transcender la Ingeniería de Software, nos centramos sólo en aquellos que impactan a la arquitectura y, por eso, usamos la definición dada por Rozanski y Woods:

Definición de stakeholder:

*"Un stakeholder en una arquitectura de software es una persona, grupo o entidad con un interés o preocupaciones sobre la realización de la arquitectura."*

Algunos stakeholders tienen diferentes responsabilidades durante el ciclo de vida del software. Entre las responsabilidades, podemos citar financiación, proyecto, desarrollo, prueba, uso, mantenimiento y hasta pasaje de conocimiento sobre él. Otros stakeholders, por su parte, esperan que el software funcione de alguna forma específica: ellos tienen necesidades en relación al software. Por ejemplo, es común para un usuario esperar que el resultado alcanzado por el software sea confiable o que sea alcanzado en un tiempo hábil. Cuando estamos en el espacio del problema, acostumbramos llamar esas responsabilidades y necesidades requisitos del software. Por otro lado, cuando estamos en el espacio de la solución, acostumbramos llamarlas atributos de calidad. Por lo tanto, los stakeholders tienen fuerte influencia sobre la arquitectura de un software porque ella es una herramienta esencial para proporcionar sus atributos de calidad y atender a los requisitos, como, por ejemplo: coste, reusabilidad, testabilidad, sostenibilidad, legibilidad, rendimiento, escalabilidad, seguridad, confiabilidad, entre otros.

# TIPOS DE STAKEHOLDERS Y SU RELACIÓN CON LOS ATRIBUTOS DE CALIDAD

Entre los diversos tipos de stakeholders que influyen en la arquitectura, podemos citar los usuarios, los desarrolladores, los gerentes, los testadores, los clientes (que pueden o no ser usuarios), los diseñadores de otros sistemas y los encargados de mantener el sistema, además de los analistas y el propio arquitecto del sistema. Considerando que ese es un conjunto heterogéneo de papeles, es natural que cada papel posea diferentes necesidades y responsabilidades que tienen efecto sobre la arquitectura y que, eventualmente, resulten en conflictos.

Resolver conflictos de intereses entre stakeholders está entre las obligaciones de un arquitecto de software. Él debe ser consciente de que muchas veces no será posible agradar perfectamente a todos los interesados, una vez que esos conflictos pueden impedir el proyecto de una solución óptima. Por lo tanto, su obligación será la de producir una arquitectura lo suficientemente buena que haga que todos los stakeholders queden satisfechos. Por eso, es importante que cada involucrado sea informado de como la solución de su interés fue restringida por los intereses de otros interesados.

A continuación, podemos observar dos situaciones de divergencias entre stakeholders que resultan en conflictos entre los atributos de calidad.

**EJEMPLO**: Las distribuidoras esperan que los derechos de autor de sus películas estén protegidos y los usuarios quieren sólo ver sus películas sin dificultades o interrupciones. La forma encontrada para proteger los derechos de autor fue por medio de la Gestión de Derechos Digitales. Esa decisión implica restringir el reproductor de medios que puede ser usado y obligar al usuario a autenticarse en el sistema para ver alguna película. La restricción del reproductor, en cuanto a autenticación del usuario, dificulta la tarea de ver una película, una vez que el usuario puede no recordar su login o contraseña o él puede no estar acostumbrado a usar el reproductor de películas permitido. Por eso, esa decisión de seguridad tiene impacto negativo en la usabilidad. Por lo tanto, podemos observar aquí un conflicto entre seguridad y usabilidad.

**EJEMPLO**: Aún en el Videoclub y también por la decisión de proteger los derechos de autor usando GDD, el archivo que contiene la película transmitida está encriptado para el cliente. Esa encriptación es una forma de dificultar la reproducción del vídeo en programas no autorizados. Sin embargo, el reproductor de vídeo autorizado debe pagar un precio por eso: para decodificar un archivo con GDD, es necesario más procesamiento y, por lo tanto, mayor consumo de recursos. Eso ocasiona pérdida de rendimiento, lo que puede ser crítico en dispositivos con menos recursos, como los teléfonos móviles. Por eso, la decisión de seguridad también tiene impacto negativo en el rendimiento, caracterizando un conflicto entre esos dos atributos.

Note que para afirmar que una arquitectura alcanzó algún éxito, los stakeholders deben mostrarse satisfechos con el sistema desarrollado a partir de ella. Por tanto, se espera que el arquitecto sea capaz de proyectar una arquitectura que alcance dos objetivos principales: atención de requisitos y resolución de conflictos.

## *Atención a los requisitos como medida de éxito*

El primer objetivo, atender a los requisitos de los stakeholders, acaba siendo obvio, pues para satisfacer a los interesados, el sistema debe hacer lo que ellos esperan de él. Pero a pesar de ser obvio, enfatizar ese objetivo sirve para que el arquitecto novato perciba que su objetivo principal es proyectar una arquitectura con atributos de calidad capaces de atender a los requisitos del sistema impuestos y esperados por los stakeholders y no sólo por él mismo. En el ejemplo que incluimos a continuación, mostramos un caso donde eso no sucede.

**EJEMPLO**: En algunos teléfonos móviles y otros aparatos que ejecutan software, se espera que ese software tenga un buen rendimiento, principalmente considerando la escasez de recursos del entorno de ejecución. Finalmente, el usuario no quiere presionar una tecla y esperar varios segundos por la respuesta. Por otro lado, no se espera que el software sea extensible, ya que algunos de esos aparatos no permiten actualizaciones de software. Considerando que, en ese caso, rendimiento y economía de recursos son requisitos más críticos que extensibilidad, de nada sirve al arquitecto del software que para aparatos que no permiten actualizaciones proyecte una arquitectura que haga el software extensible, con diversos niveles de abstracción, cuando esos niveles impactan negativamente en el rendimiento.

Puede parecer ingenuo tomar decisiones en favor de la extensibilidad cuando se espera rendimiento, como ilustra el ejemplo anterior. Sin embargo, ese error es muy común y no es sólo cometido por arquitectos novatos. Muchos arquitectos no consideran el impacto real de sus decisiones y se dejan llevar por modas de estándares, frameworks o abordajes que prometen resolver todos sus problemas. A veces, es sólo considerado que así será más fácil "vender" la arquitectura al gerente del proyecto.

Por fin, podríamos afirmar a partir del primer objetivo: no importa como la arquitectura de software está realizada "de acuerdo con las buenas prácticas", si ella no atiende a los requisitos que esperan que ella atienda. Ella, simplemente, estaría acertando el blanco equivocado.

Por lo tanto, la medida de atención a los requisitos del sistema es la mejor medida de éxito de la arquitectura, desde que se conocen los requisitos.

## *Conflictos entre requisitos y atributos de calidad*

Situaciones de conflicto surgen cuando requisitos de stakeholders divergen o afectan a atributos de calidad comunes. Podemos observar que ese tipo de situación está presente, inclusive, en algunos de los ejemplos indicados. En esos ejemplos son ilustrados conflictos entre atributos de seguridad y usabilidad y entre seguridad y rendimiento. A continuación, citamos otros atributos de calidad y relacionamos a algunos stakeholders que tienen requisitos que comúnmente difieren durante el ciclo de vida del software.

**EJEMPLO**: *Rendimiento versus coste*

Los usuarios buscan mayor rendimiento, mientras que los clientes y gerentes acostumbran a preferir más bajo coste de desarrollo. Esos atributos divergen porque es común que un mayor rendimiento resulte en una solución que necesite de más recursos o incluso desarrolladores más calificados en su construcción.

**EJEMPLO**: *Rendimiento versus escalabilidad*

El cliente, que espera ganar dinero a partir de la popularización del software, impone el requisito de que él sea capaz de servir la demanda creciente de usuarios. Mientras los usuarios continúan buscando rendimiento del software, sin importarle si hay diez, mil o un millón de usuarios usándolo a la vez. Una forma simple de servir a la demanda creciente de usuarios, o escalar, sería no preocuparse del tiempo de respuesta del servicio para cada usuario y aumentarlo drásticamente. Sin embargo, el aumento del tiempo de respuesta es un indicio de pérdida de rendimiento, caracterizando el conflicto.

**EJEMPLO**: *Usabilidad versus seguridad*

En un último ejemplo, citamos el conflicto entre usabilidad y seguridad. Los usuarios esperan realizar sus tareas rápidamente, sin dudas y sin errores causados por la dificultad de usarlo, o sea, esperan usabilidad del software. Por otro lado, auditores, clientes y los propios usuarios esperan que sus informaciones estén a salvo, tanto para casos de ataques como por manipulación indebida. Medidas de seguridad deben ser proyectadas y el software debe proporcionar medios de autenticación, autorización, confidencialidad y de ser auditado.

Al tomar esas medidas, la usabilidad es afectada negativamente, ya que más pasos serán necesarios para realizarse las mismas acciones. Por ejemplo, para comenzar a usar el software, ahora será necesario insertar una contraseña para que el usuario sea autenticado. Por lo tanto, la adopción de políticas de seguridad acostumbra afectar negativamente la usabilidad del sistema.

## *Responsabilidades de los stakeholders*

Como ya fue mencionado anteriormente, los stakeholders tienen responsabilidades durante el ciclo de vida del software. A continuación, agrupamos las responsabilidades en cuatro grandes tipos y citamos sus principales interesados:

• Uso o adquisición del sistema, que son responsabilidades de usuarios y clientes;

• Desarrollo, descripción y documentación de la arquitectura del sistema, que son responsabilidades del arquitecto del sistema;

• Desarrollo y mantenimiento del sistema, que son responsabilidades que envuelven el mayor número de stakeholders: arquitectos, proyectistas, desarrolladores, mantenedores, testadores, ingenieros de dominio, gerentes de proyectos y desarrolladores, entre otros;

• Evaluación del sistema y de su desarrollo, que son responsabilidades de CIOs, auditores y evaluadores independientes.

Por último, describimos algunos de los stakeholders citados y cuál es su influencia en la arquitectura y en su documentación.

Para ello, mencionamos cuáles son sus intereses comunes y lo que ellos esperan de la documentación de la arquitectura.

## Usuarios

La principal preocupación de los usuarios está relacionada con las funcionalidades proporcionadas por el sistema, importándole poco como el software fue dividido en módulos o como esos módulos se comunican entre sí. Podemos afirmar que un usuario sólo piensa en un atributo de calidad, por ejemplo, en rendimiento o en seguridad, cuando alguno de esos falta.

Esa despreocupación con la organización interna del software podría hacernos afirmar ingenuamente que la arquitectura no le interesa al usuario. Sin embargo, sí le interesa, aunque indirectamente, una vez que el sistema debe poseer una arquitectura que proporcione los atributos de calidad esperados por los usuarios para que funcione de forma satisfactoria.

Así en relación a la documentación, los usuarios están interesados en saber las capacidades y el comportamiento del sistema. Vale notar que esa información puede estar en otros documentos, como en un manual de usuario, pero ese y otros documentos deben ser escritos teniendo por base el documento de arquitectura, que debe contener esas informaciones.

## Clientes

De la misma forma que los usuarios, los clientes no acostumbran a preocuparse de detalles técnicos de la arquitectura. Ellos están interesados en las características de la arquitectura conectadas a su negocio: si el sistema hace lo que debería hacer, sus costes, sean de desarrollo o de ejecución, y la planificación de su desarrollo. Eso se hace necesario para justificar el dinero invertido en el software.

Los clientes también se muestran interesados en la justificación de resolución de los eventuales conflictos, principalmente si esa resolución tiene impacto en el negocio.

### Arquitecto

Una vez que es el principal responsable de proyectar la arquitectura, el arquitecto tiene la obligación de conocer los stakeholders involucrados en el sistema. Eso permitirá que él sepa lo que los stakeholders esperan del sistema y, por fin, sea capaz de proyectar el sistema de acuerdo con los requisitos esperados. El arquitecto también es responsable de negociar en los conflictos de intereses entre los stakeholders, lo que resultará en una arquitectura con atributos de calidad que agraden a varios, aunque parcialmente.

La necesidad de conocer y dialogar con los diversos implicados hace que el arquitecto necesite de habilidades tanto sociales como técnicas. En relación al conocimiento técnico, ser experto en el dominio del problema lo ayudará a identificar previamente las dificultades y soluciones a ser encontradas a lo largo del desarrollo. Por su parte, las habilidades sociales lo ayudan tanto en el descubrimiento de requisitos como en la negociación de divergencias.

## Desarrollador

El desarrollador ve la arquitectura como base para construir el sistema. Hay dos extremos de como la arquitectura puede ser presentada para él. Ella puede ser presentada como una especificación, donde no hay libertad de diseño durante el desarrollo. O ella puede ser presentada como una guía, que presenta algunas restricciones esenciales para que el software alcance el éxito, pero también posee diversas libertades para las decisiones de implementación y diseño de bajo-nivel que quedan a cargo del equipo de desarrollo. A lo largo de todo el espectro, el desarrollador espera la idea general del sistema, donde las funcionalidades serán implementadas, quienes serán los responsables de ellas y cuáles las decisiones de diseño de alto-nivel relacionadas a ellas.

Un desarrollador comúnmente espera que la arquitectura también sea viable y de acuerdo a sus habilidades, además de que posea las decisiones de diseño escritas de forma clara y objetiva. Él también espera que el documento de arquitectura posibilite la asociación de los requisitos del sistema a las partes que lo componen. Esa asociación es lo que llamamos rastreabilidad, que hace más fácil tanto el mantenimiento como la comprensión del sistema.

## Testador

El testador busca en el documento de arquitectura las restricciones a las cuales el software debe obedecer. Además de eso, él espera que el software sea capaz de ser testado y, por tanto, su arquitectura debe proporcionar tal atributo de calidad.

El nivel de testabilidad de un software está directamente conectado a la capacidad de él (o de sus partes) de ser puesto en ejecución en un entorno de desarrollo y de su comportamiento, interno o externo, ser verificable a partir del esperado.

### Gerente de proyecto

El gerente de proyecto, así como el cliente, está interesado en costes y planificación. Sin embargo, él también se preocupa de detalles técnicos de la arquitectura y como ayudará en el desarrollo del software. La arquitectura lo ayudará a resolver problemas del tipo: como dividir el equipo de desarrollo a fin de paralelizar la construcción de los módulos, que partes del software pueden tener el código re-usado o comprado, o incluso como las funcionalidades serán divididas entre los múltiples releases del software.

## *RESUMEN*

De ninguna manera agotamos el asunto de los stakeholders. Por otro lado, no debemos profundizar más para no perder nuestro objetivo que es el diseño de la arquitectura. Sin embargo, creemos alcanzar los objetivos de este capítulo, incluso con una visión superficial sobre el asunto. Así, esperamos que el lector, a partir de ahora:

• entienda y ejemplifique el concepto de stakeholders de la arquitectura de un software;

• entienda la influencia de esos stakeholders;

- relacione los stakeholders a los atributos de calidad esperados por el software; y

- entienda que los stakeholders se relacionan entre sí, pudiendo, inclusive, generar demandas que están en conflicto.

En próximos capítulos, volvemos a hablar sobre los atributos de calidad y las técnicas de cómo proyectarse una arquitectura que atienda a esos atributos. Aun así, no podemos olvidar que nuestro objetivo como arquitectos son descritos explícita o implícitamente por los stakeholders y por su influencia sobre arquitectura del software.

# ATRIBUTOS DE CALIDAD

Un software tiene como objetivo atender a sus requisitos funcionales y no-funcionales. Los requisitos funcionales describen las funciones que el software debe ser capaz de realizar, o sea, lo que el sistema hace. Ya los requisitos no-funcionales describen las calidades y restricciones de como el sistema realiza sus funciones, o sea, como el sistema funciona. Un software, por lo tanto, debe mostrar atributos de calidad que atiendan a sus requisitos.

Por su parte, la arquitectura de software contiene la descripción de cómo ese alcanza a los atributos de calidad. Esa descripción de como el software atiende a los requisitos no-funcionales es hecha por las diversas decisiones presentes en la arquitectura. Para concebir esas decisiones arquitecturales – y, por lo tanto, para proyectar la arquitectura – es de fundamental importancia que el arquitecto conozca tanto los objetivos a ser alcanzados por el software, como las herramientas para alcanzarlos. En otras palabras, es esencial que él conozca tanto los atributos de calidad, como técnicas y patrones de diseño arquitectural que, al ser implementados, posibilitan al software que exhiba los atributos de calidad deseados.

Considerando la importancia de los atributos de calidad de software, dedicamos dos capítulos a ellos. En este capítulo, mostramos una visión general del asunto, abordando diversos atributos que deben ser alcanzados. Este capítulo tiene como objetivos:

- Identificar lo que son atributos de calidad y cuál es su influencia en la arquitectura de software;

- Relacionar atributos de calidad a decisiones arquitecturales que los proporcionan;

- Entender que los atributos de calidad se relacionan y como se relacionan.

En el capítulo siguiente, presentamos técnicas de diseño arquitectural y una serie de estudios de cómo algunos atributos fueron alcanzados en la práctica en diferentes sistemas de software. Esos estudios muestran que técnicas y estándares de diseño arquitectural fueron aplicados para alcanzar tales atributos y cuáles son sus beneficios y limitaciones.


## REQUISITOS FUNCIONALES Y NO-FUNCIONALES

El único objetivo de un software es el de atender a sus requisitos. Esos requisitos son definidos a lo largo de su ciclo de desarrollo y acostumbran a ser clasificados en requisitos funcionales y requisitos no-funcionales.

Los requisitos funcionales describen las funciones que el sistema es capaz de realizar, o sea, describen lo que el sistema hace.

Definición de Requisito Funcional:

*Es la declaración de una función o comportamiento*

*proporcionados por el sistema bajo condiciones específicas.*

Los requisitos del software son impuestos por sus diversos stakeholders. Sin embargo, los requisitos funcionales acostumbran a ser dictados por los clientes del software, finalmente son ellos los que esperan tener sus problemas resueltos por las funcionalidades del software.

**EJEMPLO**: Si estamos hablando del Videoclub, entre sus funciones, podemos citar:

• El usuario debe ser capaz de insertar una película de su lista de alquileres;

• El usuario debe ser capaz de ver a una película vía streaming;

• El usuario debe ser capaz de añadir un comentario sobre una película.

Si el problema de desarrollar software fuera sólo el de atender a los requisitos funcionales, desarrollar software podría ser considerado una tarea difícil. Esto es porque, para ser atendidos, muchos de los requisitos funcionales necesitan de conocimiento que ultrapasa los límites de la Ingeniería de Software, de la Ciencia de la Computación o incluso de la Matemática. Finalmente, para implementarse sistemas para Computer-Aided Design (CAD) o sistemas que analizan los datos extraídos del Large Hadron Collider (LHC) es preciso gran conocimiento específico al dominio del problema, o sea, gran conocimiento de otras ingenierías (por ejemplo Ingeniería Mecánica y Civil) o de otras ciencias (por ejemplo Física y Química), respectivamente.

Además de la necesidad de conocimiento específico al dominio del problema, hay otra dificultad en el desarrollo de software para atender sólo a los requisitos funcionales: el cliente puede no tener certeza sobre lo que él quiere del software. Esta condición es bien conocida por la Ingeniería de Requisitos, que nos proporciona algunas técnicas para resolverla o enfrentarla.

Pero eso no quiere decir que no pueda haber un problema durante el ciclo desarrollo.

Finalmente, si el principal interesado no sabe bien que funciones espera que el sistema realice, no podemos afirmar que será fácil desarrollar ese sistema.

Por otro lado, están también los requisitos no-funcionales. Esos están relacionados con la calidad de la realización de los requisitos funcionales, o sea, como esas funciones son realizadas.

Definición de Requisito No-Funcional:

*Es la descripción de propiedades, características o restricciones que el software presenta mostradas por sus funcionalidades.*

Esos requisitos también son impuestos por los diversos stakeholders del software y están normalmente relacionados a interfaces con el usuario, capacidades, consumo de recursos y escalas de tiempo.

**EJEMPLO**: Podemos citar algunos ejemplos de requisitos no-funcionales del Videoclub:

• El sistema debe permitir el uso de diversas interfaces diferentes: navegador de Internet, móvil, TELE (usando un decodificador de TELE por firma compatible) y aplicación-cliente compatible con las familias de sistemas operativos Windows, Mac OS y Linux;

• El sistema debe soportar hasta 3 millones de inserciones en la fila de alquileres por día (34,7 operaciones por segundo);

• Una transmisión de vídeo vía streaming no puede ser iniciada en más de 30 segundos.

Las restricciones hechas por los requisitos no-funcionales son varias y pueden incluir restricciones al proceso de desarrollo, restricciones para alcanzar o mantener compatibilidad, y restricciones legales, económicas o de interoperabilidad. Las restricciones al proceso de desarrollo pueden ser hechas por la imposición de patrones de desarrollo o incluso de lenguajes a ser utilizados por el sistema. Por ejemplo, un requisito no-funcional de un sistema puede ser que él deba ser implementado usando el lenguaje Java™, una vez que el equipo responsable de la operación y mantenimiento después de su desarrollo es experto en ese lenguaje. Por fin, podemos citar requisitos no-funcionales conocidos que fueron impuestos a favor de compatibilidad e interoperabilidad y – por qué no decir – de cuestiones económicas, que es un caso relacionado al sistema operativo Windows NT. El Windows NT posee requisitos no-funcionales que dictan que él debe ser capaz de ejecutar aplicaciones originalmente escritas para DOS, OS/2, versiones anteriores del Windows y aplicaciones de acuerdo con el estándar POSIX.

Así, satisfaciendo los requisitos de poder ejecutar aplicaciones originalmente escritas para sistemas operativos anteriores, el Windows NT tendría un coste de adopción más bajo, una vez que las empresas no necesitarían renovar su sistema de aplicaciones para poder usarlo. Ya el requisito de adhesión al estándar POSIX se muestra necesario para eventuales contratos con cláusulas del tipo: "el sistema operativo a ser utilizado debe estar de acuerdo con el estándar POSIX".

Los requisitos no-funcionales pueden ser divididos en tres tipos: de producto, de proceso y externos. Los requisitos no-funcionales de producto pueden, a primera vista, parecer los únicos que deberíamos estudiar. Eso se da porque ellos están directamente relacionados con la calidad del software y son definidos como los requisitos que especifican las características que el software debe poseer. Sin embargo, debemos recordar que la arquitectura de software no influye sólo en la calidad final del software, sino también influye (y es influenciada) en la forma con que él es desarrollado e incluso la organización en que está insertada.

Definición de requisito no-funcional de producto:

*Requisito que especifica las características que un sistema o subsistema debe poseer.*

Los requisitos no-funcionales de producto, como ya se ha dicho anteriormente, están relacionados con la calidad del software y son alcanzados por lo que llamamos atributos de calidad. Por lo tanto, cuando existen requisitos en que el software debe tener algún grado de confiabilidad, correcto nivel de eficiencia, o ser portable a diversos sistemas operativos, estamos describiendo que atributos de calidad que software debe poseer. Todos los requisitos presentes en el ejemplo anterior pueden ser clasificados como de producto. Aún volveremos a ese asunto en este capítulo, pero antes debemos mostrar los otros tipos de requisitos no funcionales.

Los requisitos no-funcionales de proceso son definidos como las restricciones al proceso de desarrollo.

Definición de requisito no-funcional de proceso:

*Requisito que restringe el proceso de desarrollo del software.*

Ese tipo de requisito es encontrado en muchas situaciones, principalmente en grandes empresas u organizaciones. Por ejemplo, es común que el desarrollo de sistemas de software para el Ejército Americano tenga como requisito tener el proceso de desarrollo de acuerdo con la Joint Technical Architecture.

Por otro lado, están los requisitos no-funcionales externos. Esos, muchas veces, pueden clasificarse tanto como de producto como de proceso y son extraídos del entorno en que el sistema es desarrollado. Ese entorno puede ser tanto la organización, con políticas que deben ser seguidas o su actual sistema de software con el cual él debe interoperar, como la legislación vigente del país en que el sistema está operando.

Definición de requisito no-funcional externo:

*Requisito derivado del entorno en que el sistema es desarrollado, que puede ser tanto del producto como del proceso.*

Por fin, como ejemplo de requisitos externos, podemos citar:

**EJEMPLO**: El sistema de recomendación de libros debe leer las informaciones del sistema de alquiler de libros de una biblioteca, donde cada registro de libro está de acuerdo con el estándar Dublin Core. Un requisito no-funcional externo de ese sistema de recomendación es:

• El sistema debe guardar los datos de los libros recomendados en un modelo mapeable para el modelo de datos definido por el estándar Dublin Core.

Note que el uso del Dublin Core sólo es realmente necesario porque la comunicación entre los dos sistemas es esperada y es un sistema ya adoptado a ese estándar.

## Diferencias entre requisitos funcionales y no-funcionales

A pesar de la clasificación de los requisitos de software en requisitos funcionales y no-funcionales ser bien aceptada, debemos observar que en la práctica esa división puede no ser tan clara. Eso ocurre debido al nivel de detalles contenido en su descripción o incluso debido al tipo de sistema desarrollado.

Podemos ilustrar el caso en que el nivel de detalles hace la diferencia con el siguiente ejemplo:

**EJEMPLO**: Si consideráramos un requisito de seguridad de confidencialidad (y normalmente considerado no-funcional):

• El sistema debe posibilitar el envío de mensajes de modo que no puedan ser leídos a no ser por los destinatarios.

Una vez que no especifica ninguna funcionalidad, ese puede ser considerado un requisito no-funcional. Por otro lado, podríamos dejar esa evidente característica de requisito no-funcional un poco más turbia si añadimos un poco más de detalle al mismo:

• El sistema debe permitir a los usuarios que criptografien sus mensajes usando las claves públicas de los destinatarios.

Ahora, ese requisito estaría mejor clasificado como funcional, una vez que especifica una función del sistema, a pesar del atributo de calidad mostrado por el software al final del desarrollo será el mismo: seguridad, más específicamente confidencialidad de los mensajes enviados.

Así cuando mencionamos que el tipo del sistema puede influir en como clasificamos un requisito, basta sólo recordar los sistemas de tiempo-real. En ellos, la corrección del comportamiento del sistema no depende sólo del resultado lógico de la función, sino también cuando ese resultado es obtenido. Por lo tanto, una respuesta demasiado pronto o tarde puede estar tan incorrecta como una respuesta lógicamente errada.

**EJEMPLO**: En un sistema de información, consideramos requisito no-funcional:

• La búsqueda por nombre debe devolver los resultados en a lo sumo 100 milisegundos.

Ya en un sistema de control de vuelo fly-by-wire, debemos considerar el requisito de a continuación como funcional, una vez que las respuestas que no respetan el intervalo de tiempo especificado son tan inútiles como cuando falla de respuesta de los sensores (pueden causar la caída del avión):

• Nuevas muestras de datos de los sensores de la aeronave deben ser obtenidas cada 20 milisegundos.

A pesar de eso, hay que señalar que ambos requisitos presentes en el ejemplo dictan que tanto el sistema de información como el sistema fly-by-wire deben tener el atributo de calidad de rendimiento, aunque en grados diferentes.

## *Conflictos entre requisitos*

Como los requisitos de software tienen impacto en uno o más atributos de calidad, puede ocurrir que impacten en atributos relacionados con otros requisitos. Cuando eso ocurre, el impacto puede resultar en refuerzo del atributo o en conflicto. Podemos percibir que no surgen grandes problemas cuando dos o más requisitos refuerzan el mismo atributo de calidad. Finalmente, si eso ocurre, el diseño de la solución que atiende a uno de los requisitos afectará sólo positivamente el diseño de la solución que atiende a los otros requisitos.

A pesar del caso de requisitos que se refuerzan no ser muy común, podemos ilustrarlo con requisitos que afectan a la seguridad del software, más precisamente autenticidad y confidencialidad:

**EJEMPLO**: Si tenemos un sistema de mensajes instantáneos con los siguientes requisitos:

• El sistema debe proporcionar medios de autenticar a sus usuarios.

• Un mensaje enviado a un usuario no puede ser leído a no ser por el destinatario.

Podemos observar que los requisitos se relacionan, una vez que afectan a algunos aspectos de seguridad del sistema. Ellos se refuerzan visto que es posible que encontremos una solución para el primero que facilite el segundo y viceversa. La solución en este caso es la utilización de criptografía de clave pública: tanto puede ser usada para autenticación de usuarios como puede ser usada para encriptación de mensajes.

Por otro lado, requisitos en conflicto son más comunes y añaden dificultad durante el diseño de las soluciones. Eso ocurre porque la solución para un requisito afecta negativamente a otro requisito. Así, el diseño del software tendrá que considerar diversos trade-offs a fin de satisfacer mejor a los requisitos más importantes, ya que atender a todos de forma óptima no es posible.

Si añadimos algunos requisitos de usabilidad al ejemplo anterior, esos nuevos requisitos ciertamente afectarán negativamente a la solución presentada. Eso ocurre porque es común que soluciones de seguridad afecten a los requisitos de usabilidad, visto que esas soluciones añaden conceptos no familiares a los usuarios (por ejemplo, claves criptográficas) o añaden más pasos para que los usuarios realicen sus tareas (por ejemplo, insertar login y contraseña).

## *Expresando requisitos no-funcionales*

Gran parte del trabajo de un arquitecto consiste en proyectar sistemas que deben satisfacer requisitos no-funcionales. Sin embargo, la Ingeniería de Requisitos es limitada en cuanto a métodos de análisis y derivación de requisitos no-funcionales. Esa limitación, muchas veces, obliga al arquitecto a trabajar con requisitos que carecen de métricas y valores-objetivo. Eso dificulta el proceso de diseño. Por este motivo, se recomienda a los arquitectos que siempre busquen los requisitos que posean valores y métricas bien definidos y, de esta manera, conocer y poder medir los objetivos y el éxito de su diseño.

Sin embargo, no siempre es posible trabajar con requisitos bien definidos, una vez que encontramos algunos problemas al expresarlos. Los principales motivos de la dificultad de expresar requisitos no-funcionales son los siguientes:

• Algunos requisitos simplemente no son conocidos en etapas iniciales del ciclo de desarrollo. Por ejemplo, la tolerancia a fallos o el tiempo de recuperación puede ser muy dependiente de la solución de diseño.

• Algunos requisitos, como algunos relacionados a la usabilidad, son muy subjetivos, dificultando bastante la medición y el establecimiento de valores-objetivo.

• Y, por fin, están los conflictos entre requisitos. Como ya fue indicado, los requisitos pueden influir en atributos de calidad comunes o relacionados, hasta haciendo que requisitos sean contradictorios entre sí.

Aun siendo difícil lidiar con los requisitos no-funcionales, es obligación del arquitecto proyectar el software de modo que, al fin del desarrollo, este contenga los atributos de calidad esperados por los stakeholders.

# ATRIBUTOS DE CALIDAD

A pesar de afirmar que el software posee requisitos no-funcionales a ser atendidos, es común que digamos que el software exhibe atributos de calidad que atienden a los requisitos en cuestión. Por lo tanto, los atributos de calidad están más relacionados con los objetivos ya alcanzados, mientras que los requisitos son los objetivos propuestos.

Podemos llamar atributos de calidad del software a sus propiedades externamente visibles. Esas propiedades pueden manifestarse cómo:

• capacidades o restricciones de sus funciones. Por ejemplo, tiempo de respuesta de una determinada función o capacidad de ejecución de cierta cantidad de llamadas simultáneas;

• características no directamente relacionadas a sus funciones. Por ejemplo, usabilidad o adopción de patrones para interoperabilidad; o incluso

• características relacionadas con el ciclo de desarrollo. Por ejemplo, testabilidad o incluso la capacidad de facilitar el desarrollo por múltiples equipos geográficamente distribuidos.

Definición de atributo de calidad:

*Es una propiedad de calidad del software o de su ciclo de desarrollo, pudiendo manifestarse como características, capacidades o restricciones de una función específica o de un conjunto de funciones del software.*

Podemos percibir la importancia de los atributos de calidad, en especial, cuando comparamos dos productos de software que tienen las mismas funcionalidades, como hacemos en el ejemplo que se indica a continuación:

**EJEMPLO**: Vamos a considerar un proyecto para la construcción de sistemas de búsquedas de webs llamado Hounder. Para dejar nuestro ejemplo aún más significativo en términos de diferencias entre atributos de calidad, vamos a considerar un sistema construido usando el Hounder, pero en el que todos sus módulos se ejecutan en sólo un servidor. Vamos a llamar ese servicio de búsqueda HSearch.

Una vez que el Google Web Search también es un servicio de búsqueda de webs, podemos afirmar que ambos servicios tienen el principal requisito funcional en común:

• El sistema debe devolver direcciones de webs que se relacionen con las palabras-clave insertadas por el usuario. Ya que ambos servicios funcionan, percibimos que ambos atienden al requisito, lo que podría significar algún grado de equivalencia entre los servicios. Sin embargo, si comparáramos como ambos sistemas atienden a ese requisito, percibiremos que ellos son bien diferentes, justamente por la diferencia entre los atributos de calidad que exhiben.

Para funcionar, un servicio de búsqueda de webs debe ejecutar básicamente tres actividades: (a) crawling, que es la selección de páginas que servirán de resultados, (b) indexación, que es la organización de la información obtenida en la actividad de crawling de forma que facilite la búsqueda (principalmente en términos de rendimiento), y (c) búsqueda, cuyo resultado es la realización del requisito. Note que las tres actividades son I/O bound, o sea, las actividades tienen uso intensivo de entrada y salida. Por lo tanto, ellas tienen su rendimiento limitado por la capacidad de entrada y salida de los recursos computacionales en que se ejecutan.

Si comparáramos las capacidades de ambos sistemas, el HSearch está limitado a la capacidad del único ordenador en que está siendo ejecutado. Eso significa que él ejecuta las tres actividades usando el mismo recurso. Por otro lado, es bien conocido que la arquitectura del Google Web Search permite que el sistema utilice diversos data centers alrededor del mundo, usando miles de procesadores simultáneos y, así, pudiendo dividir la ejecución de las tres actividades entre esos recursos. Por esa diferencia de utilización de recursos, algunas métricas de varios atributos de calidad, como tiempo de respuesta, capacidad de atender búsquedas simultáneas, tamaño del índice de búsqueda o tolerancia a fallos de hardware serán bien diferentes entre los dos sistemas.

Cuando comparamos los billones de consultas diarias que el Google Web Search es capaz de realizar con sólo los miles o pocos millones del HSearch, decimos que el rendimiento del primero es mejor. Pero el rendimiento no es diferente sólo en términos de operaciones por unidad de tiempo, sino también cuando comparamos los tiempos de respuesta para cada operación o el número de usuarios simultáneos en el sistema.

Si consideráramos que el Google Web Search realiza un billón de búsquedas por día y cada búsqueda dura en torno a 300 milisegundos, por la Ley de Little, tenemos cerca de 3500 búsquedas simultáneas en cualquier momento a lo largo de la vida del sistema. Por su parte, el HSearch sólo consigue realizar 3,5 búsquedas simultáneas al realizar 1 millón de búsquedas por día a 300 milisegundos cada una.

Pero hay otros atributos que pueden ser mencionados. El HSearch es dependiente del funcionamiento de un único servidor. Por lo tanto, si ese servidor falla, todo el sistema quedará fuera del aire. Por otro lado, el Google Web Search es capaz de tolerar fallos de hardware, una vez que no depende de sólo un servidor para funcionar. Así, podemos decir que el grado de confiabilidad o tolerancia a fallos del Google Web Search es mayor que el del HSearch. Las respuestas del HSearch son formadas sólo por el título y pequeños tramos de las webs que contienen las palabras-clave. Mientras el Google Web Search ayuda al usuario también mostrando imágenes contenidas en la Web o mismo tramos de vídeo, contribuyendo así a su usabilidad. En último lugar, citamos también que el Google Web Search presenta el atributo de integrabilidad, dado que contiene diversos servicios además de la búsqueda en una misma interfaz: entre ellos calculadora, previsión del tiempo, conversión de medidas, definición de palabras, búsqueda de sinónimos, entre otros.

Es la arquitectura lo que permite que el software exhiba los atributos de calidad especificados. Ya que la especificación de los atributos es hecha por los requisitos (normalmente no-funcionales), requisitos y atributos de calidad comparten diversas características. Tanto que algunos autores usan ambas expresiones con el mismo sentido.

Las principales características de los atributos de calidad son las siguientes:

• Atributos de calidad imponen límites a funcionalidades;

• Atributos de calidad se relacionan entre sí; y

• Atributos de calidad pueden tanto ser de interés de los usuarios como de los desarrolladores.

## *LÍMITES A LAS FUNCIONALIDADES*

Los límites a las funcionalidades suceden de la misma forma que los requisitos y pueden restringir o incluso impedir funcionalidades, pues los atributos de calidad no se manifiestan aislados en el ciclo de vida del software, sino que influyen y son influenciados por el medio. Por ejemplo, para que el Videoclub tenga un time to market pequeño, él debe ser lanzado inicialmente sin poseer un cliente de streaming para dispositivos móviles, dejando para implementar esa funcionalidad en otras versiones. Eso es una limitación en la funcionalidad de transmisión de películas en beneficio del atributo de calidad coste y planificación. Es también bastante común que encontremos sistemas que tienen funcionalidades capadas simplemente porque, si estas existieran, el software no tendría los atributos de seguridad esperados.

## *RELACIONES ENTRE ATRIBUTOS DE CALIDAD*

Como ya fue observado, los atributos no existen aisladamente y, por afectar partes en común de la arquitectura, afectan también a otros atributos de calidad. He ahí que surgen los trade-offs entre los atributos de calidad. Por ejemplo, un sistema más portable tendrá su rendimiento afectado negativamente, pues necesita de más capas de software que abstraigan el entorno que puede ser cambiado. Ya en el caso del Videoclub, para obtenerse un nivel de seguridad capaz de realizar autorización y autenticación, la usabilidad del software es perjudicada, una vez que el usuario está obligado a recordar su contraseña o incluso tener el flujo de acciones interrumpido para que inserte sus credenciales.

Es papel del arquitecto conocer y resolver los trade-offs entre los atributos de calidad durante las fases de diseño e implementación. Por eso, al presentar algunas técnicas para alcance de la calidad, presentaremos también que atributos son influidos positiva y negativamente.

## *A QUIEN INTERESA LOS ATRIBUTOS DE CALIDAD*

Una gran gama de atributos pueden ser citados. Tantos que, a continuación, cuando presentemos una lista de ellos, nos restringiremos sólo a un modelo de calidad. Esos atributos pueden interesar a varios de los involucrados en el ciclo de vida del software, como usuarios y desarrolladores. De los ejemplos citados anteriormente, podemos decir que rendimiento y usabilidad son atributos importantes para los usuarios, mientras que coste y planificación son más importantes para los desarrolladores.

# MODELO DE CALIDAD

Para evaluar la calidad de un software, lo ideal sería usar todos los atributos de calidad que conocemos. Sin embargo, es inviable adoptar esta postura en un proceso de desarrollo que posea tiempo y dinero finitos debido a la gran cantidad de dimensiones del software que podríamos evaluar. Para facilitar el proceso de evaluación durante el desarrollo, fueron desarrollados lo que llamamos modelos de calidad. Los modelos de calidad tienen como objetivo facilitar la evaluación del software, organizando y definiendo que atributos de calidad son importantes para tener la calidad general del software. Algunos ejemplos significativos de modelos de calidad son los de Boehm, el de McCall y el contenido en el estándar ISO/IEC 9126-1:2001. Vamos a describir mejor este último, para así tener una mejor noción de que atributos de calidad buscamos que la arquitectura permita al software.

Definición de modelo de calidad:

*Modelo que define y organiza los atributos del software importantes para la evaluación de su calidad.*

## *Estándar ISO/IEC 9126-1:2001*

Es un estándar internacional para evaluación de software. Lo que nos interesa de él es el contenido de su primera parte, que es lo que es llamado de calidades internas y externas del software. Esas calidades son presentadas en la forma de una lista exhaustiva de características o atributos de calidad. Los atributos que un software debe poseer para que podamos decir que es de calidad son los siguientes:

- Funcionalidad

- Confiabilidad

- Usabilidad

- Eficiencia

- Sostenibilidad

- Portabilidad

Es importante enfatizar que esa lista tiene como objetivo ser exhaustiva. Por lo tanto, de acuerdo con la norma, todas las calidades que vengan a ser requeridas por el software están presentes en esa lista. En el estándar, cada característica es aún dividida en sub-características, que son más específicas, a fin de facilitar la comprensión y la evaluación. A continuación, definimos cada atributo de calidad y mostramos algunas de las sub-características más importantes del atributo.

**Funcionalidad**

Funcionalidad es la capacidad del software de realizar las funciones que fueron especificadas. Ese primer atributo puede parecer obvio, pero su propósito es claro cuando pasamos a evaluar un sistema de software: si ese sistema hace menos que lo mínimo que es esperado de él, no sirve, aunque lo (poco) que él haga, lo haga de forma correcta y confiable o eficientemente.

Para caracterizar mejor la funcionalidad del software, debemos aún considerar las características de:

• adecuación, o capacidad de proporcionar las funciones necesarias para los objetivos de los usuarios. Podemos observar que la métrica de este atributo de calidad es la satisfacción o no de los requisitos funcionales del sistema.

EJEMPLO: Para adecuarse a las necesidades de sus usuarios, basta que el Videoclub atienda a sus requisitos funcionales. Si él realiza el alquiler y la transmisión de películas, es adecuado para las necesidades de sus usuarios comunes. Por otro lado, para adecuarse a las necesidades de los usuarios que distribuyen las películas, una de las funciones que él debe facilitar es la función de carga de películas.

• precisión, o capacidad de proporcionar los resultados con el grado de precisión adecuado. Para que sea posible medir la precisión, es necesario que ella esté especificada – posiblemente en el documento de requisitos.

EJEMPLO: Podemos observar diferentes necesidades de precisión cuando comparamos como los números son tratados en un sistema de software bancario y en una calculadora. En el primero, los números son tratados sólo como racionales y truncados en la cantidad de cifras decimales relativa a la moneda del país. Esa misma precisión no podría ser adoptada en un software de calculadora. En ese, siendo una calculadora común, es esperado que los números sean representados de la forma más próxima a los números reales.

• interoperabilidad, o capacidad de interaccionar con otros

sistemas. Para medir el grado de interoperabilidad, lo ideal es que esté especificado que sistemas deben interaccionar. Ya para facilitar la satisfacción de ese atributo, la solución más utilizada es la adopción de estándares de hecho. Algunos tipos de patrones son los de representación de datos, como el Dublin Core o formatos de archivos de vídeo o estándares de especificación de funcionalidades, como los estándares WS.

**EJEMPLO:** Es una calidad del Videoclub ser capaz de operar con diversos sistemas capaces de reproducir el vídeo transmitido. Para eso, fue escogido el estándar para transmisión de vídeo ampliamente adoptado entre sistemas.

• seguridad, o capacidad de funcionar según los principios de autenticación, autorización, integridad y no-repudiación. Autenticación es la capacidad del sistema de verificar la identidad de usuarios o de otros sistemas con los que se comunica. Autorización es la capacidad de garantizar o negar derechos de uso a recursos a usuarios autenticados. Integridad es la capacidad de garantizar que los datos no fueron alterados indebidamente, principalmente durante la comunicación. Y no-repudiación es la capacidad de proporcionar medios para la realización de auditoria en el sistema. Sin embargo, es importante observar que no todos los sistemas necesitan estar de acuerdo con todos los principios.

**EJEMPLO:** Una vez que recibe el número de la tarjeta del usuario para recibir el pago, el Videoclub debe garantizar que sólo el sistema de cobro de la operadora de tarjeta de crédito sea capaz de verificar las informaciones necesarias para la autorización.

Otro aspecto de seguridad del Videoclub es que él necesita diferenciar los usuarios que aún no están registrados (y, consecuentemente, que no pagaron la firma), de los ya registrados. Para eso, él debe realizar la autenticación del usuario.

• estar de acuerdo con estándares, o la capacidad de adherir normas, convenciones o leyes relacionadas a la funcionalidad.

**EJEMPLO:** Para ser ejecutado en determinados países, el Videoclub está obligado por ley a emitir el cupón fiscal del pago de la firma del usuario.

## Confiabilidad

Cuando afirmamos que un sistema es confiable, estamos afirmando que ese sistema es capaz de mantener algún nivel de rendimiento funcionando bajo circunstancias determinadas. La confiabilidad es normalmente definida bajo periodos de tiempo. O sea, decir sólo que el Videoclub debe ser confiable no es suficiente. Tenemos, por ejemplo, que decir que el Videoclub es capaz de transmitir vídeos para 6 mil usuarios simultáneos bajo condiciones normales a lo largo del 99% del año y para mil usuarios simultáneos durante el 1% del año reservado para el periodo de mantenimiento de los servidores. Vale observar que, para una tienda online, tiene más sentido que la medida de confiabilidad sea la de servir a sus usuarios con el tiempo de espera de las operaciones de compraventas y búsqueda de 50 milisegundos durante periodos normales del año, pero, durante las semanas próximas a Navidad, hay que tener el tiempo de espera de las mismas operaciones en torno a los 150 milisegundos, una vez que el número de usuarios simultáneos en esa época del año aumenta considerablemente.

La confiabilidad puede aún ser dividida en las siguientes características:

• madurez, o capacidad de prevenirse de fallos resultantes de fallos de software. Eso es común en sistemas distribuidos, donde un componente no confía completamente en el resultado procedente de otro. Eso puede ser verificado en sistemas con sensores de software, donde un módulo puede ser responsable de juzgar los valores generados por los sensores. Si los valores son juzgados inválidos, el módulo puede simplemente desconectar el sensor defectuoso. La medición del grado de madurez de un sistema es muy difícil, pero podemos tener una noción a analizar las decisiones que fueron tomadas con este objetivo.

**EJEMPLO**: En el caso del Videoclub, el módulo de transmisión de vídeo puede verificar cuántas conexiones están abiertas para un mismo destinatario. Una gran cantidad de conexiones para un mismo destinatario puede significar un ataque o incluso un bug en el reproductor de vídeo en el lado del cliente que, eventualmente, puede consumir todos los recursos disponibles para streaming.

Así, al detectar ese problema, el Videoclub puede rechazar abrir nuevas conexiones para ese cliente, previniéndose de un problema mayor, como una completa parada por DoS.

• tolerancia a fallos, o capacidad de mantener alguna calidad de servicio en caso de fallos de software o comportamiento imprevisto de usuarios, software o hardware. En otras palabras, la medida de funcionamiento del software, aunque de forma restricta, en caso de la parada de servidores, particiones de red, fallos de discos rígidos, inserción o lectura de datos corruptos, etc. Considerando la gran cantidad de eventos que el software debe tolerar, también son muchas las formas de medir el grado de satisfacción con este atributo de calidad. Las formas más comunes son: medir si el servicio continúa funcionando en caso de fallo de n servidores, medir cual es la variación en el tiempo de respuesta para las operaciones más comunes o cuántos usuarios simultáneos el sistema es capaz de servir en caso de fallos de servidores o incluso verificar como el sistema se comporta si datos inválidos son insertados en el sistema.

**EJEMPLO:** La forma más común de mejorar el grado de tolerancia a fallos en un servicio Web es hacer que no dependa de un único recurso. Sea ese recurso hardware, como un único procesador, router o disco rígido, sea ese recurso software, como depender de una única base de datos, un único servicio de alta o un único servicio de inventario. Así, el Videoclub posee sus módulos replicados en diferentes servidores. De esta manera, él evita la dependencia de un único recurso, o el llamado punto único de fallos y puede continuar funcionando aunque uno de esos módulos pare por completo. Note que para que la replicación funcione, deben ser añadidos a la arquitectura módulos responsables de la verificación de estado de los servidores y, en cuanto sean detectados problemas en algún servidor, el tráfico pueda ser redireccionado a réplicas. Para eso ser posible, hay aún otras complicaciones, como el mantenimiento de la consistencia de estado entre el servidor original y su réplica. Hablaremos más sobre la eliminación del punto único de fallos cuanto estemos tratando de las diversas técnicas para la obtención de atributos de calidad.

• Recuperabilidad, también llamada de resistencia, es la capacidad del sistema para volver al nivel de rendimiento anterior a fallos o comportamiento imprevisto de usuarios, software o hardware y recuperar los datos afectados, si existen. Es común que midamos el grado de recuperabilidad midiendo cuánto tiempo tarda el sistema en volver a los niveles normales de rendimiento. Cuánto menor es ese tiempo, mejor es la calidad del sistema en este sentido.

**EJEMPLO**: En el Videoclub, podemos medir el tiempo de sustitución de un servidor de streaming por el tiempo de la detección del fallo, sumado al tiempo de inicialización del servidor y sumado al tiempo de redireccionamiento de las peticiones de transmisión. Una forma de tener el tiempo total de recuperación minimizado sería mantener el servidor auxiliar conectado, sólo esperando la detección del fallo del servidor principal. Sin embargo, esa decisión significaría más costes, ya que serían dos servidores conectados a la vez, gastando más energía, disminuyendo la vida útil del hardware y posiblemente consumiendo licencias de software.

### Usabilidad

Usabilidad es la medida de la facilidad del usuario para ejecutar alguna funcionalidad del sistema. Esa facilidad está conectada directamente a la comprensibilidad, a la facilidad de aprendizaje, a la operabilidad, a cuánto el usuario se siente atraído por el sistema y a la adhesión de estándares de usabilidad, que son las sub-características de ese atributo de calidad. A pesar de que muchos de esos criterios sean subjetivos, hay maneras de medirlos en términos de noción de la usabilidad del software. A continuación, mostramos las sub-características de la usabilidad:

• comprensibilidad, o la capacidad del usuario para entender el sistema. Esta característica está conectada a la cantidad de conceptos que el usuario necesita saber previamente para trabajar con el sistema o a la calidad o cantidad de la documentación del sistema. La comprensibilidad sirve para que el usuario decida si el software sirve para él o no.

• la facilidad de aprendizaje está conectada directamente a la comprensibilidad. Sin embargo, en este caso, la calidad es que el usuario aprenda a usar el software, si él sabe que el software sirve para él. Las métricas de esa calidad también están relacionadas a la cantidad de conceptos u operaciones que el usuario necesita aprender para hacer que el software funcione.

• operabilidad es la capacidad del usuario para operar o controlar el sistema. Esta calidad es muy importante en grandes sistemas de software, donde hay un tipo de usuario que es el administrador del sistema. El administrador desea ser capaz de realizar operaciones sobre el sistema que, comúnmente, no están entre las funciones que interesan a los usuarios más comunes: conectar, desconectar o verificar estado de servidores, realizar backup de los datos, etc. En sistemas de redes sociales, por ejemplo, entre los servicios proporcionados al operador, están la posibilidad de expulsar usuarios del sistema o moderarlos, no permitiendo que esos usuarios realicen algunas funciones, como enviar mensajes o eliminando conexiones de acuerdo con la dirección de origen.

### Eficiencia

La eficiencia o rendimiento es tal vez la calidad más buscada durante el desarrollo de software, una vez que ella es la más percibida por los usuarios. Ella es la calidad relacionada al uso de recursos del sistema cuando ese aporta funcionalidad y es también con la que los desarrolladores más se preocupan. Cuando queremos medir eficiencia, medimos básicamente dos características:

• comportamiento en tiempo o rendimiento, o la capacidad del sistema de alcanzar la respuesta dentro del periodo de tiempo especificado. Aquí, nos referimos a tiempos de respuesta, latencia, tiempo de procesamiento, producción (throughput), etc. Vale observar que, al medir esa característica, debemos también entender las condiciones en que el sistema está operando. Recordando el ejemplo de los buscadores, aunque el HSearch tenga un tiempo de respuesta más pequeño que el Google Web Search, el primero es capaz de servir a sólo una milésima parte de la cantidad de usuarios servida por el segundo.

• uso de recursos, que es la capacidad del software para exigir más o menos recursos de acuerdo con sus condiciones de uso. Normalmente, esa característica también es llamada de escalabilidad y puede también ser vista de otra manera: como la adición o eliminación de recursos en el sistema va a mejorar o empeorar las condiciones de uso. Existen dos tipos comunes de escalabilidad, que también sirven para facilitar la comprensión de esa característica: escalabilidad vertical y escalabilidad horizontal. Ellos pueden ser mejor explicados por medio de un ejemplo:

**EJEMPLO**: Vamos a considerar un sistema servidor de archivos. Ese servidor de archivos usa sólo un disco rígido y es capaz de servir a cinco usuarios simultáneos, cada uno usando 10 MB/seg. de banda (haciendo upload o download). Vamos a desconsiderar los efectos de la red que conecta los clientes al servidor o cualquier otro obstáculo. Podemos decir que las condiciones de uso del software son: 5 usuarios simultáneos a 10 MB/seg. cada uno.

En el ejemplo anterior, una forma de mejorar las condiciones de uso, o más específicamente, aumentar la cantidad de usuarios simultáneos, sería sustituir uno de los recursos del sistema por otro con mayor capacidad. O sea, escalar verticalmente.

**EJEMPLO:** (continuación del ejemplo anterior) Vamos a sustituir el disco rígido del servidor por uno que sea capaz de transferir archivos al doble de la velocidad del anterior. De esta manera, si el disco rígido fuera el único factor limitante, conseguiríamos servir a más de 5 usuarios a 10 MB/seg. Además de eso, podríamos seguir mejorando verticalmente el sistema hasta encontrar un límite, que puede ser tanto el límite en la velocidad posible para un disco rígido como el límite financiero de comprar un disco más rápido.

Otra forma de escalar el sistema sería horizontalmente. De esta manera, no sustituimos un recurso por otro mejor, sino que añadimos un nuevo recurso al sistema de modo que él haga uso tanto del recurso viejo como del nuevo.

**EJEMPLO:** (continuación del ejemplo anterior) En vez de necesariamente comprar un disco rígido más rápido, compramos un nuevo disco (que puede hasta ser igual al anterior) y hacemos que el software divida la carga de escritura y lectura entre los dos discos rígidos.

Note que la solución no surge de la nada: además de la capa de software quedar más complicada, está el impacto en la eficiencia

– posiblemente, el tiempo de respuesta se verá afectado, una vez que una operación del usuario tendrá ahora que decidir que disco rígido usar. Sin embargo, la ventaja de esta solución reside en el hecho de que el techo de rendimiento con la adición de nuevos discos será más alto que el techo alcanzable con discos más rápidos. Además de eso, hay un límite de discos rígidos que pueden ser utilizados por un mismo sistema operativo. Para expandir aún más el límite de discos rígidos siendo usados simultáneamente, el próximo paso sería añadir más de una máquina servidora, lo que dejaría el software aún más complejo, pues este ahora tendría que decidir entre discos presentes en máquinas diferentes y así sucesivamente. Ese es sólo un ejemplo de técnica para alcanzar escalabilidad horizontal. En el próximo capítulo, cuando hablemos de técnicas de diseño, presentaremos otras formas de abordar el tema y patrones de diseño para la escalabilidad.

### Sostenibilidad

La sostenibilidad es una calidad, a veces, olvidada por los usuarios, pero muy importante para los desarrolladores. Ella es la capacidad del software para ser modificado en su proceso de evolución. Podemos citar las siguientes características del atributo de sostenibilidad: la analizabilidad, la modificabilidad y la testabilidad.

• analizabilidad: es el grado de facilidad con el que podemos buscar por deficiencias en el software o por partes que deben ser modificadas para algún fin. Los niveles de modularidad, de separación de preocupaciones y de acomplamiento del software se relacionan con esa característica.

• modificabilidad: es la capacidad de realizar cambios de implementación en el sistema. Esa característica también está relacionada con las métricas clásicas de software, como niveles de cohesión y acoplamiento y complejidad ciclomática. Mientras más modificable es el software, menor es el impacto del cambio en áreas – teóricamente – no relacionadas con los cambios.

**EJEMPLO:** En el Videoclub, por tener el módulo de transmisión de vídeos separado del gestor de usuarios, cualquier cambio o agregado en los formatos soportados para transmisión no debe afectar al módulo de usuarios. Otra separación común en sistemas Web que también fue adoptada en el Videoclub es la aplicación del estándar Model-View-Controller (MVC), que separa las interfaces de usuario de la lógica de negocio. Eso permite que modificaciones en la lógica de negocio no afecten a las interfaces de usuario y viceversa.

• testabilidad: es la capacidad del software para tener sus cambios validados. Para que un software sea testable, antes de todo, debemos conocer sus objetivos. Pero, además de eso, necesitamos que el sistema sea capaz de ejecutarse de forma controlada a fin de poder medir los resultados obtenidos a partir de entradas conocidas. Sistemas poco probables son aquellos en los cuales su ejecución es muy cara, puede costar vidas o, simplemente, no podemos medir su comportamiento de forma determinada. Cabe observar que muchos sistemas distribuidos, apenas proyectados, pueden encajar en ese último tipo.

### Portabilidad

El último atributo de calidad presente en el estándar ISO/IEC 9126-1:2001 es el de portabilidad. Ese atributo es la medida de adaptaciones necesarias para que el sistema tenga sus requisitos o entornos de ejecución modificados, pudiendo ser el entorno de software, de hardware u organizacional. Ese atributo es importante, por ejemplo, para juegos, una vez que es deseable que estos sean capaces de ejecutarse en el mayor número de plataformas, pero también es requerido que el coste para hacer eso posible sea bajo. Algo similar sucede con aplicaciones para teléfonos móviles. La necesidad de que una aplicación para móviles ser portable existe porque es común que sus desarrolladores quieran que esté disponible en decenas de modelos diferentes. Eso significa que una misma aplicación debe estar disponible para decenas de entornos de hardware diferentes. Por lo tanto, no tiene sentido que la misma aplicación sea implementada varias veces, sino que sea proyectada de forma que se minimice el esfuerzo para alterar el entorno de hardware.

La portabilidad puede aún ser dividida en las siguientes características:

• adaptabilidad: es la capacidad del software para ser portado a otro entorno sin necesitar de más modificaciones que las previstas.

EJEMPLO: El Vuze es una aplicación escrita en el lenguaje de programación Java y, por eso, es capaz de ejecutarse en cualquier sistema operativo en el que esté disponible la máquina virtual Java (JVM). Sin embargo, a pesar de la portabilidad estar proporcionada por el lenguaje de programación en que fue escrito, necesita de una pequeña modificación específica para cada nuevo sistema operativo soportado por la JVM. Esa modificación consiste en la creación de un instalador específico para el S.O., una vez que diferentes sistemas poseen diferentes formas de instalación de software. Sin embargo, esa modificación está prevista en la arquitectura del Vuze y no afecta significativamente a su adaptabilidad a nuevos sistemas operativos.

• instalabilidad: es la capacidad del software para ser instalado en algún entorno específico. La instalabilidad es medida junto con el entorno-blanco. Por lo tanto, por ejemplo, antes del Apple Bootcamp, el sistema operativo Windows XP no era instalable en entornos Apple. Ya el sistema GNU/Linux, por su parte, era instalable tanto en PCs como en Macs.

• co-existencia: es la capacidad del software para compartir recursos en un mismo entorno con otros sistemas.

## *CONFLICTOS ENTRE ATRIBUTOS DE CALIDAD*

Así como los intereses de cada stakeholder no son aislados y pueden afectar a los de otro por medio de los requisitos nofuncionales, los atributos de calidad no surgen aislados en el software. Una decisión arquitectural hecha con el objetivo de alcanzar un atributo de calidad puede tener efecto en otros atributos. Porque una decisión arquitectural nunca es aislada en el diseño de la arquitectura, el arquitecto debe siempre entender a que atributos afecta la decisión, sea positiva o negativamente, y hacer las debidas concesiones si ella afecta atributos de calidad en conflicto. En el capítulo sobre técnicas de diseño, observaremos mejor las relaciones entre los atributos de calidad al presentar algunas técnicas de diseño arquitectural para alcanzarlos. Eso ocurre porque es común que esas técnicas no afecten a cada atributo de software aisladamente.

# ATRIBUTOS DE NEGOCIO

A pesar de que la lista de atributos de calidad que fue presentada anteriormente ha sido creada a fin de ser exhaustiva, hay algunos atributos adicionales que merecen ser citados. Son los llamados atributos de calidad de negocio, que, a pesar de no estar conectados directamente con el software, tienen gran influencia sobre su arquitectura. Ellos son importantes porque influyen principalmente en las decisiones de resolución de conflictos de los atributos presentados anteriormente. Los atributos de negocio son:

- mercado-blanco

- time-to-market

- coste y beneficio

- vida útil del sistema

- agenda de lanzamiento

## *Mercado-blanco*

El arquitecto sólo es capaz de priorizar los atributos de calidad en su diseño al conocer el público y el mercado para el cual el software está siendo construido. Por ejemplo, la portabilidad y funcionalidad son buscados para el público en general de un paquete de aplicaciones de oficina y, por lo tanto, priorizados en este caso. Por otro lado, al construirse un sistema de infraestructura para una empresa específica, el arquitecto puede priorizar la eficiencia en detrimento de la portabilidad e incluso de la usabilidad, una vez que los usuarios comunes de ese sistema son operadores calificados.

## Time-to-market

Time-to-market es el tiempo entre la concepción del software y su puesta en el mercado. Ese atributo se hace importante, principalmente, cuando la ventana de oportunidad es pequeña debido a productos concurrentes. El time-to-market influye y prioriza decisiones de compraventa y reuso de módulos en detrimento del desarrollo in house o de inversión en decisiones respeto a atributos considerados secundarios al negocio.

## Coste y beneficio

Como los recursos financieros para desarrollar un software son limitados, cada decisión arquitectural debe tener su coste y el beneficio proporcionado analizados y, con base en ese análisis, priorizados o incluso descartados. Ese análisis debe tener en cuenta el entorno de desarrollo en cuestión: capacidades del equipo de desarrollo, herramientas disponibles para el reuso y los objetivos del software.

## Vida útil

El diseño de sistemas de gran vida útil debe priorizar diferentes atributos de calidad si los comparamos con el diseño de sistemas de vida más corta, como prototipos. En el primer tipo de sistemas, los atributos de sostenibilidad y portabilidad son más valorados; en el segundo, son priorizados atributos de eficiencia y funcionalidad.

## Agenda de lanzamiento

El diseño de software es muy dependiente de cómo este va a ser entregado al público. Por ejemplo, si el software será entregado en fases diferentes que englobaran diferentes conjuntos de funcionalidades, este debe ser dividido de modo que funcione sin las partes que aún no fueron puestas a disposición en el mercado, pero que también facilite la modificabilidad, una vez que es deseable que las nuevas funcionalidades sean añadidas con el menor esfuerzo posible, en cuanto a interoperabilidad entre diferentes versiones, que eventualmente ocurrirá. Ya si el software será entregado sin posibilidad de posterior actualización, como ocurre en muchos sistemas, las preocupaciones de modificabilidad e interoperabilidad entre versiones pueden ser descartadas.

# DISEÑO ARQUITECTURAL PARA CALIDAD DE SOFTWARE

La principal responsabilidad del arquitecto es la de concebir el diseño que posibilite al software ser construido de modo que satisfaga los requisitos de calidad impuestos por las partes implicadas. Para que el proceso de diseño arquitectural tenga éxito, es esencial que el arquitecto conozca los objetivos del software, o sea, conozca los requisitos funcionales y de calidad para los cuales él está proyectando. Además de eso, él debe conocer las técnicas y prácticas de diseño arquitectural que pueden ayudarlo en la concepción de la arquitectura. Él debe también conocer cómo documentar la arquitectura proyectada, una vez que es preciso comunicarla a los otros miembros del equipo de desarrollo.

En este capítulo, nosotros aprendimos los objetivos que deben ser alcanzados por el diseño de la arquitectura y esperamos que el lector ahora sea capaz de:

• Identificar lo que son atributos de calidad y cuál es su influencia en la arquitectura de software;

• Relacionar atributos de calidad con algunas decisiones arquitecturales que los proporcionan; y

• Entender que los atributos de calidad se relacionan y como ellos se relacionan.

A continuación, presentaremos técnicas y prácticas de diseño que el arquitecto debe conocer para proyectar sistemas con determinados atributos de calidad. Por fin, en el capítulo siguiente, presentaremos como documentar el diseño arquitectural.

# *REFERENCIAS*

## *REQUISITOS FUNCIONALES Y NO-FUNCIONALES*

Los libros Software Engineering, de Sommerville, Requirements Engineering: Proceses and Techniques, de Sommerville y Kotonya, Software Engineering: A Practitioner's Approach, de Pressman, dedican algunos capítulos a este asunto. Sin embargo, el objetivo de esos libros es el papel de los requisitos de software en el proceso de desarrollo. El artículo Defining Non-Functional Requirements, de Malan y Bredemeyer, habla de la influencia de los requisitos en la arquitectura.

## *DIFERENCIAS ENTRE REQUISITOS FUNCIONALES Y NO-FUNCIONALES*

La discusión sobre la inexistencia de diferencias prácticas entre requisitos funcionales y no-funcionales puede ser encontrada tanto en el libro Requirements Engineering: Processes and Techniques, de Sommerville y Kotonya, como en el artículo Distinctions Between Requirements Specification and Design of Real-Time Systems, de Kalinsky y Ready, y en el libro Real-Time Systems: Design Principles for Distributed Embedded Applications, de Kopetz. Esa discusión se muestra bastante presente en sistemas de time to market porque los requisitos de rendimiento definen la funcionalidad de esos sistemas – al contrario de lo que encontramos, por ejemplo, en sistemas de información, donde los requisitos de rendimiento son considerados requisitos no-funcionales.

## *Atributos de Calidad*

Bass et al, en el libro Software Architecture in Practice, muestra el papel de los atributos de calidad en la arquitectura de software. Además de él, Gorton hace una pequeña introducción a este asunto al tratar el estudio de caso presente en Essential Software Architecture. Los libros Software Systems Architecture, de Rozanski y Woods, y Code Complete, de Steve McConnell, también dedican secciones a los atributos de calidad de software, siendo el primero en nivel de diseño arquitectural y el segundo en nivel de diseño detallado.

### Atributos de Negocio

Por último, podemos encontrar informaciones sobre atributos de calidad de negocio en los libros Software Architecture in Practice, de Bass et al, y Beyond Software Architecture, de Hohmann.

# TÉCNICAS DE DISEÑO ARQUITECTURAL

Al introducir el diseño de software, citamos algunos principios y técnicas que son fundamentales al proceso, pues facilitan la representación y la elección de la solución entre las alternativas de diseño. Sin embargo, no fuimos explícitos sobre cómo estos principios y técnicas son fundamentales en el proceso de diseño arquitectural. Así en el capítulo sobre atributos de calidad, mencionamos la existencia de tácticas arquitecturales que ayudan en la implementación de algunos requisitos de calidad, pero no presentamos esas tácticas a no ser de forma breve y sólo por medio de ejemplos.

Este capítulo, por su parte, tiene como objetivo tanto presentar los principios de diseño a nivel arquitectural, como presentar algunas tácticas arquitecturales que implementan requisitos de calidad.

En este capítulo, describimos los siguientes principios de diseño arquitectural:

• uso de la abstracción o niveles de complejidad;

• separación de preocupaciones; y

• uso de estándares y estilos arquitecturales.

En relación a las tácticas arquitecturales, presentamos las que implementan los siguientes atributos de calidad:

• rendimiento y escalabilidad;

• seguridad;

• tolerancia a fallos;

• comprensibilidad y modificabilidad; y

• operabilidad.

## *PRINCIPIOS Y TÉCNICAS DE DISEÑO ARQUITECTURAL*

Hay algunos principios y técnicas que, cuando son aplicados, generalmente resultan en buenas soluciones de diseño. Entre ellos, podemos citar: división y conquista, abstracción, encapsulamiento, modularización, separación de preocupaciones, acoplamiento y cohesión, separación de interfaces de sus implementaciones, entre otros. Inclusive, muchos de estos ya fueron presentados en el capítulo sobre Diseño, pero sin el debido foco en diseño arquitectural. Por eso, en esta sección, describimos nuevamente algunos de ellos, esta vez mostrando su papel en la arquitectura. Los principios y técnicas que presentamos a continuación son tres: uso de la abstracción o niveles de complejidad, separación de preocupaciones y uso de estándares y estilos arquitecturales.

## ABSTRACCIÓN

Abstracción es la selección de un conjunto de conceptos que representan un todo más complejo. Por ser un modelo del software, la arquitectura ya elimina, o en otras palabras, abstrae naturalmente algunos detalles del software. Por ejemplo, es común que no tengamos decisiones en nivel algorítmico en la arquitectura. Aun así, podemos quitar provecho del uso de niveles de detalle (o de abstracción) al proyectarla.

Podemos beneficiarnos del uso de la abstracción al realizar el proceso de diseño de forma iterativa, donde cada paso es realizado en un nivel de detalle. De forma simplificada, podemos decir que la secuencia de pasos puede ocurrir siguiendo dos estrategias de acuerdo con los niveles de abstracción del software.

La primera estrategia es la top-down (del nivel más alto de abstracción hacia el más bajo). Si el diseño ocurre en el sentido top-down, el arquitecto usa elementos y relaciones arquitecturales descritos en alto nivel de abstracción para iniciar el proyecto de la arquitectura. En el primer nivel de abstracción, el más alto, es común que los elementos arquitecturales usados en el proyecto muestren sólo lo que realizan y no como realizan sus responsabilidades. A partir de ahí, a cada paso del proceso, el arquitecto sigue refinando el diseño, añadiendo más detalles a los elementos arquitecturales y a sus relaciones, hasta que posean informaciones sobre cómo realizar sus responsabilidades. En este punto, es común que tengamos elementos arquitecturales que realizan funciones y servicios más básicos o de infraestructura y que, eventualmente, formarán parte de la composición de las funcionalidades en niveles más altos.

Un problema recurrente al aplicarse la estrategia top-down es el de cuando parar. Finalmente, podemos notar que el arquitecto podría seguir indefinidamente añadiendo detalles a la arquitectura hasta que el diseño deje de ser un modelo para ser el propio sistema. Para definir el punto de parada del proceso de adición de detalles, el arquitecto debe evaluar si el nivel actual de abstracción contiene o no informaciones suficientes para guiar al equipo de desarrollo en la implementación de los requisitos de calidad del software. Debemos aún observar que los dos extremos de la condición de parada pueden traer desventajas: si las informaciones presentes en la arquitectura son insuficientes, la libertad proporcionada al diseño de bajo nivel puede resultar en una solución que no implementa los requisitos de calidad esperados. Por otro lado, si son excesivas, la arquitectura puede: (1) costar más tiempo del que está disponible para ser proyectada; (2) desmotivar al equipo de desarrollo por "paralizar" el diseño de bajo nivel por la gran cantidad de restricciones; y (3) ser inviable por haber sido proyectada sin el conocimiento que muchas veces sólo puede ser obtenido durante el proceso de implementación.

La otra estrategia, más usada por quien posee experiencia en el dominio del problema, es la bottom-up. Esta estrategia consiste en definir elementos arquitecturales básicos y con mayor nivel de detalle (servicios o funciones de infraestructura, por ejemplo), y componer servicios presentes en mayores niveles de abstracción a partir de esos elementos. La experiencia en el dominio del problema es necesaria justamente en la definición de los elementos más detallados, o sea, la experiencia es necesaria para definir el nivel de abstracción más bajo que servirá de punto de partida del proceso de diseño. En esta estrategia, detalles excesivos o insuficientes en el nivel más bajo de abstracción traen las mismas desventajas ya presentadas cuando hablamos sobre el punto de parada de la estrategia top-down.

## *SEPARACIÓN DE PREOCUPACIONES*

La separación de preocupaciones es la división del diseño en partes idealmente independientes. Entre estas partes, podemos citar aspectos funcionales y no-funcionales del sistema. Los aspectos funcionales, como es de esperar, son lo que el sistema es capaz de hacer. Por su parte, los no-funcionales son los aspectos de calidad del sistema, como rendimiento, seguridad, monitorización, etc. La separación de los diferentes aspectos permite que cada una de las partes sea un problema de diseño a ser resuelto de forma independiente, permitiendo mayor control intelectual por parte del arquitecto, una vez que ahora él sólo necesita centrarse en un aspecto de la arquitectura de cada vez.

Cabe observar que la separación completa de las diferentes preocupaciones (o de los diferentes aspectos) de la arquitectura del software es el caso óptimo de la aplicación de este principio, pero no es el caso común. Esto ocurre porque, como ya indicamos anteriormente, diferentes funcionalidades y calidades del software se relacionan entre sí. Por lo tanto, a pesar de ser ventajoso pensar en la solución de diseño de cada aspecto separadamente, el arquitecto debe también proyectar la integración de esos aspectos. Esta integración es fundamental por dos motivos. El primero, el más obvio, es que el software está compuesto por sus aspectos trabajando en conjunto – y no separadamente. Ya el segundo motivo es que la propia integración influye en las diferentes soluciones de diseño de los aspectos del software. Por ejemplo, aspectos de almacenamiento deben estar de acuerdo con aspectos de seguridad del software, o aspectos de rendimiento deben trabajar en conjunto con aspectos de comunicación o incluso localización de los elementos de la arquitectura.

## ESTÁNDARES Y ESTILOS ARQUITECTURALES

Otro principio muy usado durante el proceso de diseño arquitectural es el uso de estándares. Los estándares pueden ser considerados como experiencia estructurada de diseño, lista para ser usada para solucionar problemas recurrentes. Un estándar de diseño arquitectural define elementos, relaciones y reglas a ser seguidas que ya tuvieron su utilidad evaluada en soluciones de problemas pasados.

La principal diferencia entre un estándar arquitectural y un estándar de diseño es que el primero se ocupa de problemas en nivel arquitectural, abarcando así más en el software. Por otro lado, la aplicación de un estándar de diseño tiene un efecto más restrictivo en la solución. Sin embargo, debemos recordar que esa división no es absoluta y que podemos encontrar estándares inicialmente descritos como arquitecturales teniendo efecto sólo local en el diseño y viceversa.

De acuerdo con McConnell en el libro Code Complete, podemos citar los siguientes beneficios del uso de estándares en un proyecto:

• Los patrones o estándares reducen la complejidad de la solución al proporcionar abstracciones reutilizables. Un estándar arquitectural ya define elementos, servicios y relaciones arquitecturales, disminuyendo así la cantidad de nuevos conceptos que deben ser introducidos a la solución.

• Promueven el reuso. Como los patrones arquitecturales son soluciones de diseño para problemas recurrentes, es posible que la implementación (parcial o total) del estándar ya esté disponible para reuso, facilitando el desarrollo.

• Facilitan la generación de alternativas. Más de un estándar arquitectural puede resolver el mismo problema, sólo que de forma diferente. Por lo tanto, conociendo diversos patrones, un arquitecto puede evaluar y escoger cuál o cuáles irán a componer la solución del problema, considerando los beneficios y analizando las desventajas proporcionadas por ellos.

• Facilitan la comunicación. Los patrones arquitecturales facilitan la comunicación de la arquitectura porque describen conceptos y elementos que estarán presentes en el diseño. Por lo tanto, si una solución de diseño contiene estándares que son conocidos por todos los participantes de la comunicación, los elementos y conceptos definidos por los patrones no necesitan ser explicitados, una vez que los participantes ya deben conocerlos también.

A continuación, citamos algunos estándares arquitecturales que fueron popularizados en el libro Pattern-Oriented Software Architecture, de Buschmann et al:

• Layers o capas: este estándar define la organización del software en servicios agrupados en capas de abstracción. Las capas son relacionadas de modo que cada una sólo debe comunicarse con la capa adyacente encima o debajo de ella. Si presentamos gráficamente las capas apiladas, las capas de los niveles superiores presentan un nivel de abstracción mayor, más próxima a los servicios disponibles a los usuarios. Mientras que, en las capas inferiores, tenemos servicios más básicos, normalmente de infraestructura, y que sirven para componer los servicios de capas superiores. Como ejemplo de arquitectura que usa este estándar, podemos citar la arquitectura de la pila de protocolos TCP/IP. Ella es organizada en cinco capas, siendo ellas: Aplicación, Transporte, Red, Enlace y Física.

• Pipes & filters: este estándar organiza el software para procesar flujos de datos en varias etapas. Dos elementos básicos son definidos: los llamados filters, que son los elementos responsables de una etapa del flujo de procesamiento; y los llamados pipes, que son los canales de comunicación entre dos filters adyacentes. Note que la arquitectura puede contener diferentes pipes y filters, de modo que puedan ser re-usados y recombinados para diferentes propósitos. El ejemplo canónico de uso del estándar Pipes & Filters es la arquitectura de un compilador, que puede ser dividida en los siguientes filters: analizador léxico, analizador sintáctico, analizador semántico, generador de código intermediario y optimizador, que son conectados por diferentes pipes. Entre ellos, encontramos el pipe que conecta el analizador léxico al sintáctico y que transmite un flujo de tokens; el pipe que transporta el árbol de derivación sintáctica del analizador sintáctico al analizador semántico; el pipe que transporta el árbol de sintaxis del analizador semántico al generador de código intermediario; y, por fin, el pipe que conecta el generador de código intermediario al optimizador.

• Model-View-Controller: este estándar, por su parte, divide la arquitectura en tres elementos distintos: la lógica de negocio (o model), que representa las funcionalidades y los datos del sistema; vistas/visiones (o views), que representan la forma de mostrar el estado de la lógica de negocio al usuario; y los controladores (o controllers), que son responsables de la entrada de datos de los usuarios. El estándar también define que debe existir un mecanismo de propagación de cambios, de forma que la interfaz con el usuario (compuesta de las visiones y de los respectivos controladores) se mantenga consistente con la lógica de negocio.

Este estándar es común en sistemas interactivos y fue también popularizado en sistemas Web por medio de frameworks, por ejemplo: JavaServer Faces Technology (JSF), Struts y Spring MVC.

• Microkernel: este estándar es la base de arquitecturas extensibles orientadas a plugins. Él define un elemento arquitectural que será el núcleo del sistema y los elementos llamados puntos de extensión. Este núcleo proporciona servicios de infraestructura para componer las funcionalidades más básicas del sistema y un servicio de registro y configuración de componentes en tiempo de ejecución. El servicio de registro y configuración tiene como responsabilidad la adición de nuevas funcionalidades a partir de los puntos de extensión pre-definidos. Estos puntos de extensión sirven para guiar y restringir los tipos de funcionalidades a ser añadidas. Como ejemplo de aplicación del estándar Microkernel, podemos citar el sistema operativo MINIX, el entorno de desarrollo Eclipse y diversos sistemas de manipulación de imágenes que son extensibles por medio de plugins, como el GIMP y el ImageJ.

## *TÁCTICAS DE DISEÑO*

Por medio de la aplicación de estándares, somos capaces de reusar la experiencia de otros proyectistas por medio de soluciones estructuradas de diseño. Sin embargo, hay otra forma de reuso de experiencia de diseño y que no es propiamente definida como estándares. Esta forma es llamada táctica de diseño y, a pesar de que cada táctica tiene objetivos bien definidos, su contenido es menos estructurado, normalmente conteniendo sólo ideas o consejos de proyecto que ayudan en la implementación de atributos de calidad. La principal diferencia entre tácticas y estándares de diseño es que, al contrario de los patrones, las tácticas no necesariamente describen elementos arquitecturales que deben existir en la solución. De esta manera, es responsabilidad del arquitecto definir la forma de los consejos contenidos en las tácticas.

Al aplicar las tácticas al diseño, así como durante la aplicación de estándares, el arquitecto debe también considerar los trade-offs existentes: por un lado, una táctica puede aumentar el grado de atención a un atributo de calidad, pero, por otro lado, puede afectar negativamente a otros atributos. Por eso, para facilitar la evaluación de los trade-offs durante el diseño, presentaremos algunas tácticas de acuerdo con las calidades que ellas implementan, pero también seremos explícitos sobre lo que es afectado negativamente.

A continuación, presentamos tácticas de diseño de acuerdo con los siguientes atributos de calidad:

- rendimiento y escalabilidad;

- seguridad;

- tolerancia a fallos;

- comprensibilidad y modificabilidad; y

- operabilidad.

## *Rendimiento y escalabilidad*

Para mejorar el rendimiento de una aplicación o facilitar la entrada de recursos computacionales para atender a una mayor demanda, podemos citar las siguientes tácticas arquitecturales.

### No mantenga estado

Si los elementos de la arquitectura son proyectados de forma que no mantengan estado (stateless), o sea, que ellos sean capaces de realizar sus funciones sólo con los parámetros presentes en las peticiones, es más fácil replicarlos para dividir la carga de peticiones entre las réplicas. Basta con que sea definido un balanceador de carga para distribuir las llamadas entre estos elementos. Note que si la demanda aumenta, se puede también aumentar el número de elementos stateless para suprimir la demanda sin mucho esfuerzo. Basta entonces informar al balanceador sobre los nuevos elementos para que él los considere en la distribución de nuevas peticiones.

Es importante observar que no todos los elementos arquitecturales pueden ser stateless. Por ejemplo, elementos de datos esencialmente mantienen estado (y, por lo tanto, son stateful). Así, es posible que, en algún punto de la arquitectura, los diversos elementos stateless necesiten de datos ausentes en los parámetros de las peticiones y por lo tanto tendrán que hacer nuevas peticiones a los elementos stateful. Si los elementos que mantienen estado no son capaces de responder a esta carga de nuevas peticiones, ellos provocarán el embotellamiento de la arquitectura, perjudicando el rendimiento de todo el sistema.

### Partición de datos

Para mejorar el rendimiento y la escalabilidad de elementos de datos, podemos dividir el conjunto de datos entre elementos de ejecución. Cada uno de estos elementos que posee parte de los datos es llamado de partición (o shard). Hay dos técnicas de partición de datos que merecen ser citadas: la partición horizontal y la partición vertical.

Primero, vamos a presentar la partición horizontal por medio de un ejemplo. Si pensamos en datos relacionales, que están organizados en líneas y columnas, la partición horizontal es la división en grupos de líneas entre los elementos arquitecturales de datos en ejecución. Por ejemplo, si tenemos una base de datos con dos millones de usuarios y tenemos dos servidores, A y B, ejecutando esa base de datos, los usuarios con índices de cero a un millón deben estar localizados en el servidor A y el resto de los usuarios deben estar localizados en el servidor B. A partir de esta división, para que un cliente de la base de datos encuentre las informaciones de un dato de usuario, debe ser capaz de localizar en que servidor están los datos de acuerdo con el índice que busca. Note que eso es una forma de dividir la carga de peticiones entre elementos de ejecución, aún usando elementos stateful.

Por su parte, la partición vertical consiste en la selección de algunas columnas del modelo de datos para ser servidas por elementos de ejecución diferentes. Así, si tenemos nuevamente los servidores A y B, informaciones sobre todos los usuarios están en ambos servidores. Sin embargo, las informaciones más solicitadas (por ejemplo, nombre del usuario y grupo de permisos al cual él pertenece en el sistema) pueden ser encontradas en el servidor A, que dispone de mejor hardware, mientras informaciones menos solicitadas pueden ser encontradas en el servidor B. De la misma forma que en el caso anterior, el cliente debe ser capaz de localizar en que servidor están los datos. Sólo que ahora, la localización es realizada de acuerdo con el tipo de datos solicitados y no su índice.

### Caching

En un sistema, existen algunas informaciones que son más solicitadas que otras. Por ejemplo, la página de alguien muy popular en una red social o las noticias de primera página de un portal de noticias. Por lo tanto, podemos aprovecharnos de esa característica al proyectar sistemas.

Si algunas informaciones son más solicitadas que otras, el rendimiento aparente de un sistema puede ser mejorado si conseguimos servir esas informaciones con mejor rendimiento. Una forma de conseguir eso es usando una cache. Una cache es un elemento arquitectural capaz de servir informaciones con mayor rendimiento que el elemento de datos que guarda esas informaciones originalmente. Por lo tanto, al solicitar algunos datos, el cliente puede primero hacer la petición a la cache. Si la cache posee los datos solicitados, ellos serán devueltos más rápidamente que si el cliente estuviera haciendo la petición sólo al elemento de datos original. Sin embargo, necesitamos observar que para rendir mejor que los servidores de datos, la cache normalmente almacena un conjunto limitado de datos. Esta limitación lo obliga a implementar las llamadas políticas de caching, que son diferentes formas de comportamiento para maximizar la cantidad de "aciertos" en las peticiones de disponibilidad de información y mantener la consistencia entre la cache y el elemento de datos original.

## Tácticas de procesamiento

Entre las tácticas de procesamiento para mejorar el rendimiento de la aplicación (en oposición a las tácticas de datos vistas anteriormente: partición de datos y caching), podemos citar: partición, paralelización y distribución de procesamiento.

La partición de procesamiento es la división del procesamiento entre elementos arquitecturales distintos para quitar provecho de las características de cada elemento de ejecución del software. Un ejemplo simple es distribuir un gran procesamiento de datos entre los elementos arquitecturales más próximos a esos datos, con la finalidad de evitar al máximo la transferencia de archivos.

Así, la característica del elemento de ejecución buscada para realizar la distribución es si el elemento posee o no los datos necesarios para el procesamiento. Por ejemplo, si observáramos la arquitectura de un sistema de procesamiento de grandes conjuntos de datos llamado MapReduce (o de su implementación open source, el Hadoop), percibimos que este divide el procesamiento en tareas más pequeñas e intenta asociar cada tarea al procesador que esté más próximo a los datos necesarios.

Con esta política de atribución de tareas, el MapReduce consigue procesar grandes masas de datos en un tiempo relativamente pequeño.

Por su parte, la paralelización de procesamiento consiste en permitir que líneas de ejecución independientes, por ejemplo, llamadas de usuarios diferentes en un sistema Web, ocurran simultáneamente. Esa paralelización puede ser realizada de diferentes maneras: en diferentes threads dentro de un mismo proceso, en diferentes procesos dentro de un mismo sistema operativo y en diferentes elementos de ejecución de un sistema (típicamente, en diferentes servidores). Esta paralelización mejora el rendimiento porque aumenta la salida de respuestas y puede utilizar recursos, inicialmente, ociosos.

Por ultimo está la distribución de procesamiento a lo largo del tiempo. Esta táctica consiste en permitir que algunas tareas de procesamiento solicitadas por el usuario no sean ejecutadas sincrónicamente y, por lo tanto, no haciendo que él espere por el procesamiento de algo que no utilizará en el momento. Así, aumentamos el rendimiento aparente del software. Un ejemplo de distribución de procesamiento a lo largo del tiempo es el de tratamiento de imágenes en sistemas de redes sociales. Cuando un usuario hace la carga de una imagen, esa imagen necesita ser optimizada para ocupar menos espacio de almacenamiento en el sistema. Sin embargo, este tratamiento no es hecho de forma síncrona, o sea, cuando el usuario envía la imagen, sino que es anotado para ser ejecutado en algún momento en el futuro.

### Menos capas de abstracción

A pesar de que proyectar un sistema en diversas capas de

abstracción mejora el reuso (por la posibilidad de que las capas sean re-usadas), la comprensión (porque diferentes capas representan diferentes niveles de abstracción, facilitando el control intelectual de la complejidad) e incluso la testabilidad del sistema (dado que las capas pueden ser desarrolladas y probadas separadamente), la presencia de muchas capas en un sistema puede perjudicar su rendimiento. Esto ocurre porque mientras más capas de abstracción existen en el diseño, principalmente innecesarias, más recursos serán consumidos. Entre los recursos consumidos, podemos citar la memoria, una vez que más capas de implementación significan más capas a ser cargadas durante la ejecución, y más ciclos de procesamiento, para realizar la comunicación entre diferentes capas.

## Desventajas de las tácticas de rendimiento y escalabilidad

Podemos observar que las tácticas que acabamos de presentar aumentan la complejidad de la arquitectura, una vez que presentan nuevos elementos tanto a nivel de diseño, como a nivel de ejecución. En nivel de diseño, los nuevos elementos pueden perjudicar la modificabilidad y la comprensibilidad del software, dado que añaden nuevas relaciones y conceptos y hasta sugieren la disminución de los niveles de abstracción. Ya en nivel de ejecución, los nuevos elementos pueden dificultar: la seguridad, porque ahora los datos estarán aún más distribuidos en el sistema y más entidades podrán acceder a ellos; la tolerancia a fallos, porque pueden surgir más puntos únicos de fallos; y la operabilidad, considerando que los nuevos elementos de ejecución imponen más tareas de configuración.

# Seguridad

Para implementar la seguridad en un sistema de software, el arquitecto debe conocer, además de técnicas de autorización, autenticación, criptografía y auditabilidad, los siguientes principios.

### Principio del más pequeño privilegio

El principio del más pequeño privilegio consiste en garantizar al usuario, cliente del software o módulo del sistema sólo los privilegios necesarios para que sean capaces de concluir sus tareas. Así, si este usuario, cliente o módulo son comprometidos (pasan a comportarse de forma nociva al sistema), la cantidad de daño que podrán causar al sistema será limitada.

### Principio del fallo con seguridad

El principio de fallo con seguridad (fail-safe) es el de garantizar que en caso de cualquier problema, sea de comunicación, autenticación o fallo en un servicio, el comportamiento estándar sea un comportamiento seguro. Por ejemplo, si un usuario con privilegios de acceso intenta leer un archivo privado y el sistema de autorización está indisponible, el comportamiento estándar del sistema de lectura debe ser el de negar el acceso al archivo. De esa manera, aunque usuarios autorizados sean privados del acceso a sus archivos, los no-autorizados no conseguirán acceso indebido.

El mismo principio debe ser aplicado, por ejemplo, en sistemas de control de tráfico. Si los indicadores de estado de los semáforos tienen problemas, los semáforos deben fallar en el estado "pare", una vez que hacer que todos los vehículos paren en las vías de un cruce es más seguro que permitir que más de una vía sea indicada para seguir.

### Principio de la defensa en profundidad

El principio de la defensa en profundidad sugiere que la arquitectura debe aplicar diferentes técnicas de seguridad en diferentes niveles del software. Por ejemplo, un cliente autenticado del software debe no sólo ser autorizado a llamar una función, sino que la función llamada debe también ser autorizada a acceder a las informaciones necesarias para el dato cliente. Esta técnica tanto permite que medidas de seguridad más específicas al contexto puedan ser utilizadas, como mantener la seguridad del software durante el fallo de alguna medida de seguridad adoptada.

### Desventajas de las tácticas de seguridad

Podemos observar que, así como las tácticas de rendimiento y escalabilidad, las tácticas de seguridad aumentan la complejidad de la arquitectura. Esto ocurre porque también añaden nuevos elementos arquitecturales a la solución. Estos nuevos elementos, por ser nuevos conceptos, perjudican la comprensibilidad del sistema en tiempo de diseño y la operabilidad durante la ejecución. Además de eso, las tácticas de seguridad también requieren la ejecución de pasos adicionales de procesamiento (por ejemplo, criptografiar un mensaje o comprobar si la contraseña insertada es válida), lo que perjudica el rendimiento de la aplicación.

## Tolerancia a Fallos

El área de sistemas distribuidos contribuye con muchas técnicas que pueden ser aplicadas a la arquitectura para que los sistemas sean proyectados para ser más tolerantes a fallos. Entre estas técnicas, podemos citar las siguientes.

### Evitar un punto único de fallos

Si muchas funcionalidades dependen de sólo un servicio que ejecuta sólo un recurso computacional, todo el sistema estará comprometido si ese único servicio falla. Este único servicio o recurso computacional en el cual el sistema depende es lo que llamamos punto único de fallos. Por lo tanto, para que el software no sea completamente dependiente de un único elemento, el arquitecto debe preocuparse en evitar los puntos únicos de fallos a partir del diseño. Para eso, él puede distribuir responsabilidades entre diferentes elementos de la arquitectura o incluso replicar procesamiento, de forma que el punto único sea eliminado.

### Partición de datos

Ya mostramos que la partición de datos es beneficiosa para el rendimiento y la escalabilidad del sistema. Sin embargo, al particionar los datos por diversos elementos de almacenamiento, distribuimos también las responsabilidades del servidor de datos. Por lo tanto, si uno de los elementos de almacenamiento falla, aún podemos tener el sistema disponible para parte de los usuarios (aquellos para los cuales las informaciones aún están disponibles por medio de los elementos de almacenamiento que no fallaron).

## Partición y distribución de procesamiento

Obtenemos beneficios semejantes a los de particionar los datos cuando particionamos y distribuimos procesamiento por diferentes elementos de la arquitectura. Diferentes responsabilidades atribuidas a diferentes elementos de la arquitectura permiten que el software continúe funcionando, aunque parcialmente, en caso de fallos.

Además de eso, cuando usamos procesamiento síncrono, aumentamos la confiabilidad en el procesamiento de dos o más elementos que están relacionados sincrónicamente. Por ejemplo, si el elemento A realiza una función que necesita llamar una función síncrona en el elemento B, la función de A sólo será ejecutada con éxito en caso de que B también esté disponible. Sin embargo, si la llamada a B es asíncrona, la función llamada en A puede ser ejecutada con éxito aunque B no esté disponible temporalmente. De esa manera, en cuanto B esté nuevamente disponible, su función podrá ser ejecutada.

### Redundancia

No sólo podemos distribuir diferentes responsabilidades de procesamiento a diferentes elementos de la arquitectura, sino también podemos atribuir la misma responsabilidad a diferentes elementos. Así, durante la ejecución, en caso de que cualquier problema surja con uno de los responsables, otro puede asumir su lugar y retornar correctamente la respuesta. Eso es lo que llamamos atribuir redundancia a algunos elementos de la arquitectura, sean elementos de datos o de procesamiento. Vale observar que no basta sólo replicar la responsabilidad del elemento en cuestión, sino decidir (1) si el elemento redundante quedará siempre activo o sólo entrará en ejecución cuando el fallo del original sea identificado, (2) como los fallos serán identificados durante la ejecución y (3) como los clientes del elemento que falló redireccionarán sus llamadas hacia el elemento redundante.

**Desventajas de las tácticas de tolerancia a fallos**

Como las tácticas de tolerancia a fallos se aprovechan de algunas tácticas de rendimiento y escalabilidad, ellas proporcionan las mismas desventajas en relación a la comprensibilidad, modificabilidad y operabilidad, una vez que aumentan la complejidad de la solución de diseño.

## *Comprensibilidad y Modificabilidad*

Algunas técnicas que aumentan la comprensibilidad y la modificabilidad de la arquitectura ya fueron mencionadas anteriormente:

• uso de capas de abstracción;

• separación de preocupaciones;

• aplicación de estándares;

• alta cohesión y bajo acoplamiento.

Sin embargo, no discutimos las desventajas comunes a esas técnicas. Por ser común que ambos atributos sean alcanzados por medio de la abstracción de detalles y que la abstracción lleva a la adición de nuevas capas de implementación, podemos notar que las técnicas mencionadas anteriormente necesitan de más recursos computacionales para la ejecución, afectando negativamente al rendimiento. Sin embargo, en términos de procesadores y canales de datos cada vez más rápidos, además de memoria y sistemas de almacenamiento cada vez más baratos, el efecto negativo causado por esas técnicas puede ser irrisorio comparado al beneficio de la comprensibilidad y de la modificabilidad en el proceso de desarrollo.

## *Operabilidad*

Por fin, para proporcionar operabilidad al sistema de software, el arquitecto debe aplicar las siguientes técnicas durante el diseño de la arquitectura.

### Monitorización y análisis del estado del sistema

El operador sólo es capaz de actuar sobre el software, si él posee informaciones sobre su estado interno. Para eso, es ventajoso que la arquitectura permita la monitorización del estado de sus elementos más importantes durante la ejecución. Note que en un gran sistema, el conjunto de elementos monitorizados puede ser grande, generando así una gran masa de datos de monitorización.

Por lo tanto, la monitorización puede ser un problema, una vez que la generación y el consumo de los datos puede necesitar de muchos recursos computacionales (canal de comunicación, si los datos son transferidos entre elementos del sistema, y almacenamiento, si los datos son almacenados, y procesamiento, para extraer informaciones de los datos). Por lo tanto, la arquitectura debe proporcionar medios de generación y análisis de los datos de monitorización, pero debe también implementar medios de agregación y compactación de los datos de forma que ahorren el consumo de recursos computacionales.

## Computación autonómica

Una forma aún más eficiente de proporcionar operabilidad al software es la de delegar tareas que antes serían de responsabilidad del operador al propio software. Por lo tanto, permitir que el software sea capaz de poner o retirar de ejecución servidores, realizar backups, o realizar otras actividades para la mejoría de la calidad de servicio. Realizar automáticamente estas y otras actividades basadas sólo en el estado actual del sistema y sin intervención humana es lo que llamamos computación autonómica. Para permitir la adición de aspectos de computación autonómica al software, su arquitectura debe estar preparada de forma que datos sobre el estado actual del sistema no sean sólo recolectados, sino también sean analizados automáticamente y los resultados de ese análisis sean capaces de activar automáticamente tareas de administración del sistema.

## Desventajas de las técnicas de operabilidad

Como ya mencionamos anteriormente, la monitorización y el análisis del estado actual del sistema pueden consumir muchos recursos computacionales, impactando negativamente en el rendimiento. Por otro lado, al posibilitar el análisis del software en tiempo de ejecución, podemos identificar problemas inicialmente desconocidos en la arquitectura, como embotellamientos de rendimiento o puntos únicos de fallos. Con estos problemas identificados, el arquitecto puede entonces corregirlos en la arquitectura, mejorando así el rendimiento y la tolerancia a fallos del software.

## *RESUMEN*

Este capítulo expuso lo que un arquitecto debe saber en relación a técnicas y principios de diseño arquitectural. Debemos admitir que su objetivo es ambicioso, una vez que existen muchos libros y artículos de Diseño de Software sobre el mismo asunto. Sin embargo, la mayoría de los libros y artículos disponibles no están explícitamente escritos sobre Arquitectura de Software o no tienen como público-objetivo el lector aún inexperto. De ahí nuestra tentativa de llenar esta laguna.

Al final de este capítulo, esperamos que el lector conozca los siguientes principios de diseño arquitectural:

- uso de la abstracción o niveles de complejidad;

- separación de preocupaciones; y

- uso de patrones y estilos arquitecturales.

Pero, además de eso, esperamos que el lector también reconozca algunas tácticas que implementan los siguientes atributos de calidad:

- rendimiento y escalabilidad;

- seguridad;

- tolerancia a fallos;

- comprensibilidad y modificabilidad; y

- operabilidad.

Para informaciones más detalladas sobre los principios y técnicas presentados, dejamos una lista de referencias para estudios posteriores.

# REFERENCIAS

## *ABSTRACCIÓN Y SEPARACIÓN DE PREOCUPACIONES*

Sobre los beneficios y aplicación de la abstracción y separación de preocupaciones en el diseño de software, recomendamos la lectura del libro Code Complete, de McConnell. Además de él, podemos citar los siguientes artículos sobre el tema: The Structure of The Multiprogramming System, de Dijkstra, y el On The Criteria to Be Used in Decomposing Systems Into Modules, de Parnas.

## *ESTÁNDARES Y ESTILOS ARQUITECTURALES*

Hay diversos estándares y estilos arquitecturales, inclusive catalogados de acuerdo con sus objetivos. A pesar de solo haber citado los cuatro patrones que fueron inicialmente descritos por Buschmann, existen muchos más estándares descritos por este autor y otros autores en la serie de libros Pattern-Oriented Software Architecture. Recomendamos también sobre el asunto los libros Patterns of Enterprise Application Architecture, escrito por Fowler, y Software Architecture in Practice, escrito por Bass et al.

## TÉCNICAS ARQUITECTURALES

Sobre técnicas arquitecturales, podemos citar el libro Beautiful Architecture, editado por Spinellis y Gousios. Él muestra en la práctica la aplicación de diversas técnicas para el alcance de requisitos de calidad por medio del diseño arquitectural. Siendo menos práctico, si bien abarca más en la exposición de técnicas arquitecturales, podemos citar tanto el libro Software Architecture: Foundations, Theory and Practice, de Taylor et al, como el libro Software Systems Architecture, de Rozanski y Woods. El libro The Art of Systems Architecting, de Maier y Rechtin, describe pocas (sin embargo valiosas) técnicas de arquitectura de software. En este libro, las técnicas son llamadas heurísticas.

Podemos aún mencionar algunos artículos sobre rendimiento de software en general: Performance Anti-Patterns, de Smaalders; sobre replicación de datos: Optimistic Replication, de Saito y Shapiro; y sobre seguridad: In Search of Architectural Patterns for Software Security, de Ryoo et al.

Por fin, mencionamos dos blogs que contienen muchas descripciones de problemas arquitecturales reales y como fueron resueltos en la industria: el HighScalability.com y el Engineering @ Facebook.

# DOCUMENTACIÓN DE LA ARQUITECTURA

Después de entender los conceptos y la importancia y tengamos nociones de diseño de arquitectura de software, necesitamos saber cómo capturar la información del proyecto y documentarlo. Para eso, introducimos los conceptos de visiones y de puntos de vista arquitecturales, que facilitan la documentación por mostrar las diferentes dimensiones que una arquitectura presenta. Este capítulo no dicta un único lenguaje o modelo de documentación de arquitectura, sino que presenta ejemplos de cómo                                                                              hacerlo.
Este capítulo tiene como objetivo hacer que el lector sea capaz de entender que:

• El documento de arquitectura auxilia en el proceso de diseño, es una herramienta de comunicación entre las partes interesadas y puede servir de modelo de análisis del software;

• Toda información presente en una arquitectura es una decisión arquitectural;

• Decisiones arquitecturales pueden ser existenciales, descriptivas o ejecutivas;

• Decisiones arquitecturales se relacionan, pudiendo restringir, impedir, facilitar, componer, entrar en conflicto, ignorar, depender o ser alternativa a otras decisiones arquitecturales; y

• Un único diagrama no es suficiente para contener la cantidad de información que debe ser mostrada por un arquitecto. Por eso, la necesidad de múltiples visiones arquitecturales;

# ARQUITECTURA Y DOCUMENTO DE LA ARQUITECTURA

La arquitectura de un software existe independientemente de ella ser proyectada o documentada. Sin embargo, al dejar la arquitectura simplemente "emerger" a partir del software, o sea, evolucionar a lo largo del proceso de desarrollo sin proyecto o documentación, corremos el riesgo de no quitar provecho de los beneficios que ella proporciona.

Por otro lado, sólo realizar el diseño arquitectural y no documentarlo (o documentarlo de forma precaria), puede minimizar las ventajas a ser obtenidas por la arquitectura. Esto puede ocurrir porque documentar la arquitectura, además de auxiliar el propio proceso de diseño, también proporciona:

• una herramienta de comunicación entre las diversas partes involucradas;

• la integridad conceptual al sistema y al proceso de desarrollo;

• un modelo para análisis anticipado del sistema; y

• una herramienta de rastreabilidad entre los requisitos y los elementos del sistema.

## Auxilio al Proceso de Diseño

A pesar de dividir conceptualmente el proceso de diseño del proceso de documentación, es común que ambos ocurran en paralelo en la práctica. Cuando esto ocurre, la documentación ayuda en el diseño, principalmente en el sentido de separación de preocupaciones.

Al documentar visiones arquitecturales diferentes separadamente, nos preocupamos separadamente con el diseño de diferentes aspectos del software. Entre los diversos aspectos de un software, podemos citar los aspectos funcionales, de datos, de competencia, de desarrollo, de implantación y operacionales.

Esta separación es beneficiosa porque hay diferentes lenguajes, que pueden ser gráficos o textuales, que encajan mejor en la descripción de cada aspecto, ayudando no sólo a una mejor representación, sino también en un mejor modelado y evaluación en relación a los objetivos.

A continuación, veremos dos ejemplos que ilustran la documentación de algunas decisiones arquitecturales relacionadas con aspectos diferentes del Videoclub. Podemos observar como el Videoclub está dividido en grandes módulos funcionales y, así, podemos inferir cuáles son sus principales funcionalidades y algunas de sus relaciones entre sí. Podemos decir que las decisiones arquitecturales del ejemplo son presentadas bajo el punto de vista funcional del sistema, constituyendo una visión funcional del software. Note también que esta no es la mejor forma de representar, por ejemplo, el desarrollo de dar de alta de los usuarios que será externalizado o como el servicio de transmisión de vídeos debe ejecutarse en 7 servidores en los días hábiles y en 15 servidores en los fines de semana y festivos, cuando la demanda aumenta.

**EJEMPLO**: *Decisión Arquitectural 001*. El Videoclub está dividido en cinco grandes módulos funcionales. Cada módulo es responsable por proporcionar un conjunto de funcionalidades relacionadas entre sí. Los grandes módulos del Videoclub son:

• Alquiler de Películas;

• Transmisor de Películas;

• Motor de Sugerencias;

• Dar de alta a Usuarios;

• Dar de alta a Películas.

Módulos funcionales del Videoclub. El estereotipo <<Módulo>> del diagrama indica los módulos funcionales que componen el sistema. Por su parte el estereotipo <<Uso>> indica relaciones de uso entre los módulos para que puedan implementar sus funciones. Por último, el estereotipo <<Especialización>> indica una relación de especialización de los datos guardados en el elemento responsable del registro.

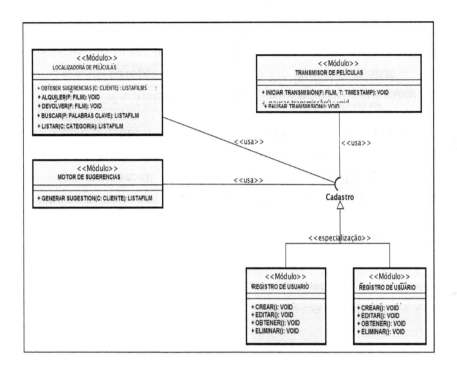

*Objetivos*: La división en módulos funcionales posibilita la división de la implementación entre los equipos de desarrollo de acuerdo con la especialidad de cada equipo.

*Motivación*: Las diversas funciones a ser proporcionadas por el Videoclub fueron agrupadas en preocupaciones comunes (registro de datos, alquiler y transmisión de películas, y sugerencias al usuario). El registro debe estar especializado en dos tipos para dividir el esfuerzo de desarrollo: alta de películas y de usuarios. El motor de sugerencias debe ser alimentado con los datos del histórico de alquileres del usuario e informaciones sobre la base de películas en el sistema.

**EJEMPLO**: *Decisión Arquitectural 002*. La implantación del módulo que implementa las funcionalidades del servicio de

338

transmisión de películas debe depender sólo de un parámetro:

• direcciones.servidores.configuración: lista de direcciones IP de los servidores que constituyen el servicio de configuración del Videoclub.

Los otros parámetros de configuración deben ser obtenidos a partir de la comunicación con el servicio de configuración.

*Objetivos*: Facilitar la operabilidad del sistema.

*Motivación*: El servicio de configuración del Videoclub es un centralizador de la configuración del sistema. En él, el operador del sistema introduce direcciones de servicios para que estén disponibles para la configuración de una nueva instancia. Cuando la instancia del servicio de transmisión de películas es iniciada, ella hace peticiones al servicio de configuración por las direcciones de los servicios dados de alta y de los servicios de almacenamiento de películas, por ejemplo.

## *Herramienta de Comunicación*

Ya sabemos que las diferentes partes interesadas muestran diferentes preocupaciones sobre diferentes aspectos del sistema. Como la documentación de la arquitectura versa sobre las muchas preocupaciones de los interesados, sirve de herramienta para la comunicación, ya que proporciona un vocabulario común sobre el sistema, además de registrar las relaciones entre las preocupaciones y de que forma los eventuales conflictos fueron o deben ser resueltos. Note que para servir de herramienta de comunicación, el documento arquitectural debe ser construido de forma que respete el conocimiento y las necesidades de todas las partes.

Para que esto sea posible, se debe conocer para quien el documento está siendo escrito. Por lo tanto, debemos escribir la arquitectura de forma que posea partes que interesen a los usuarios, a los clientes, a los desarrolladores, a los testadores, al gerente de proyecto o a otros personajes involucrados en el proceso.

Por ejemplo, los usuarios buscan por las funcionalidades, capacidades y comportamiento del sistema, no por como este fue dividido en módulos, como los módulos se comunican entre sí o si ellos fueron desarrollados desde cero o tuvieron partes reutilizadas de otros sistemas. Clientes y gerentes tienen algunos intereses semejantes, como costes de desarrollo o cronograma de lanzamiento. Sin embargo, los clientes también se interesan en la adecuación del software a su negocio, mientras que el gerente busca como minimizar los costes para adecuarse al presupuesto, o como las tareas de implementación serán divididas entre su equipo de desarrollo. Finalmente, desarrolladores y testadores están interesados en aspectos técnicos del diseño, por ejemplo, como es la división en módulos del sistema, cuáles son las alternativas de diseño disponibles o como los atributos de calidad (rendimiento, escalabilidad, tolerancia a fallos, etc.) deben ser implementados, cada uno motivado por su papel en el proceso de desarrollo.

## *Integridad Conceptual*

Por otro lado, el documento necesita demostrar consistencia entre los diversos aspectos del diseño de la arquitectura para que haya comunicación e integridad conceptual. La consistencia es necesaria porque, a pesar de que la separación de preocupaciones es una herramienta poderosa de diseño, las soluciones para las diferentes preocupaciones trabajan interligadas durante la implementación, o sea, cuando resuelven el problema. Así, necesitamos de integridad en dos niveles: entre las partes interesadas y entre los diversos aspectos del documento de arquitectura.

La integridad conceptual entre las diversas partes es la defendida por Brooks, en The Mythical Man-Month, porque facilita el éxito en el desarrollo de sistemas de software. Si los interesados – y principalmente los desarrolladores – no tienen en mente el mismo diseño que se transformará en producto, son pocas las garantías de que el producto implementado será el proyectado. Por eso, en el proceso, el documento de arquitectura sirve para restringir eventuales "deslices conceptuales" en relación al diseño arquitectural y prevenir futuras discordancias entre las partes, inclusive de intereses similares.

**EJEMPLO**: En el Videoclub, si dividiéramos a los desarrolladores en varios equipos, es común que haya una mayor interacción entre los miembros de un mismo equipo que entre equipos diferentes. Vamos a considerar que delegamos a un equipo la implementación del servicio responsable de las funcionalidades del módulo Dar de alta de Películas y a otro equipo el módulo Transmisor de Películas. Para que la implementación de los dos módulos pueda ser paralelizada y para que sean evitadas suposiciones erróneas o innecesarias por parte de cada equipo sobre otros módulos (y, por lo tanto, sea menos costosa la integración), debemos definir cuidadosamente las interfaces de los módulos, los métodos disponibles, la forma de comunicación y los tipos de datos usados como parámetros o retorno.

La integridad conceptual también se muestra necesaria durante la entrada de nuevos miembros al equipo de desarrollo y a lo largo de la evolución y mantenimiento del software. Nuevos miembros necesitan de una descripción de la arquitectura porque normalmente son incorporados al equipo sin conocimiento previo del diseño. Ya a lo largo de la evolución y mantenimiento del software, el conocimiento de las reglas de diseño a ser seguidas se hace necesario para que los requisitos de calidad permanezcan implementados, aún durante los cambios. El ejemplo que se muestra a continuación ilustra una regla de diseño para que un software de manipulación de imágenes continúe ejerciendo alta portabilidad.

**EJEMPLO**: El software de manipulación de imágenes ImageJ desempeña bien dos atributos de calidad: la extensibilidad y la portabilidad. Su extensibilidad está garantizada por tener su arquitectura basada en el uso de plugins. Con eso, este está compuesto de un núcleo de funcionalidades básicas y proporciona medios para que nuevas funcionalidades sean añadidas en tiempo de ejecución. Por otro lado, su portabilidad está garantizada por tener su núcleo y plugins implementados usando el lenguaje de programación Java, permitiendo su ejecución en cualquier entorno que disponga de la máquina virtual Java.

Como el código-fuente de ImageJ es de dominio público, cualquier desarrollador puede bajarlo, usarlo y escribir nuevos plugins para él. Inclusive, es posible usar el mecanismo Java Native Interfaz (JNI) para realizar llamadas a bibliotecas escritas en otros lenguajes. Sin embargo, si el desarrollador desea mantener el alto grado de portabilidad de ImageJ, debe respetar la regla de diseño del software que es la de nunca realizar llamadas nativas durante la implementación de nuevas funcionalidades.

Existe también la integridad entre los diversos aspectos de la arquitectura en el documento o, en otras palabras, la integridad entre las visiones de la arquitectura. Este tipo de integridad debe ser mantenido para que las partes del diseño funcionen en conjunto y que, por lo tanto, el diseño sea responsable de la implementación. La consistencia entre visiones se hace necesaria por qué, a pesar de que la separación de preocupaciones y de elementos arquitecturales facilita el diseño, es en conjunto que ellos son construidos y ejecutados.

Por lo tanto, si hay en el documento más de una visión sobre los mismos elementos del sistema, es esencial que en la documentación de esas visiones exista un mapeo entre las diferentes representaciones de esos elementos.

El ejemplo que sigue ilustra la consistencia entre visiones sobre el almacenamiento en el Videoclub. En él, podemos observar (1) los servicios proporcionados por el sistema de almacenamiento del Videoclub por medio de la visión funcional; (2) que buena parte de los servicios de almacenamiento no serán implementados desde cero, una vez que serán obtenidos por el Sistema de Gestión de Bases de datos adoptado, por medio de la visión de desarrollo; y (3) que el sistema de almacenamiento estará ejecutando, como mínimo, en tres servidores, por medio de la visión de implantación. Note que, si alguna de las visiones es inconsistente con las otras, pueden surgir dudas sobre: (1) que servicios están disponibles para quienes usan almacenamiento, (2) lo que será implementado y lo que será aprovechado durante la implementación de la solución de almacenamiento del Videoclub y, por fin, (3) que tipo de hardware será necesario para ejecutar la solución de almacenamiento.

**EJEMPLO**: En la *Decisión Arquitectural 001,* descrita en ejemplos anteriores, presentamos tres módulos que deben trabajar directamente con el almacenamiento: alta de Usuarios, alta de Películas y Transmisor de Películas. Sin embargo, sólo las funciones que ellos deben implementar fueron descritas, no como deben implementarse. Las decisiones indicadas a continuación muestran algunos aspectos de como esas funciones deben ser implementadas.

*(Decisión Arquitectural 002).* El almacenamiento de las informaciones de los módulos alta de Usuarios y alta de Películas será realizado usando un Sistema de Gestión de Bases de Datos Relacional (SGBDR) de modo que permita la creación, edición, obtención y eliminación de las entradas.

Las informaciones guardadas en el SGBDR son los atributos de los Usuarios y Películas y son esencialmente textuales o meta informaciones para localización de archivos (fotos o vídeos). El almacenamiento de los archivos es tratado en la [Decisión Arquitectural 003]. Ya el almacenamiento de archivos textuales que no son atributos de los Usuarios o Películas, por ejemplo, mensajes para usuarios o comentarios sobre películas es tratado en otra decisión arquitectural que no es descrita aquí.

*Objetivo*: Permitir la base de datos de los atributos de los Usuarios y Películas, facilitando el desarrollo.

*Motivación*: Los atributos de Usuarios y Películas son esencialmente relacionales, encajándose perfectamente al paradigma usado para almacenamiento. Además de ser un paradigma bien conocido por el equipo de desarrollo.

*(Decisión Arquitectural 003).* El almacenamiento de archivos (fotos de Usuarios, fotos de Películas y archivos de vídeo) serán almacenados usando una Red de Suministro de Contenido (Content Delivery Network o CDN).

*Objetivo*: Permitir la base de datos de archivos, facilitando la implementación y permitiendo rendimiento y control de carga.

*Motivación*: Los archivos presentes en el Videoclub son contenido estático, que puede ser distribuido por una CDN y, así, quitar provecho de replicación, distribución geográfica y caching, sin tener que implementar estas técnicas.

Ya las decisiones de la visión de implantación, deben describir los servidores que ejecutaron los SGBDR y el servicio que se comunica con la CDN para el envío de archivos.

## Modelo para Análisis

La arquitectura es un modelo del sistema, una vez que describe sus características. Al documentar la arquitectura, obtenemos un modelo manipulable del sistema que tiene utilidad no sólo al arquitecto, sino también a otros interesados en el proyecto. Con el modelo manipulable, es posible evaluar las decisiones arquitecturales registradas y validarlas en relación a los requisitos que el software debe satisfacer. Además de eso, el documento puede aún servir de herramienta que permita la verificación de si la implementación está de acuerdo con el diseño, pudiendo prevenir eventuales deslices arquitecturales.

Podemos citar tres categorías de validación de la arquitectura en relación a los requisitos: análisis basado en inspecciones, análisis basado en modelos y análisis basado en simulaciones. Sin embargo, la posibilidad de aplicación de una técnica de una categoría de validación está directamente conectada a la representación usada en el documento de arquitectura.

### Análisis basado en inspecciones

Análisis basados en inspecciones son conducidas por bases de revisión compuestas por varios implicados. Entre los implicados, podemos encontrar, además del arquitecto y de los desarrolladores, interesados menos técnicos, como el gerente de proyecto y, en algunos casos, el cliente. Durante el proceso de inspección, las partes interesadas definen los objetivos del análisis y estudian las representaciones de la arquitectura de forma para evaluarla de acuerdo con sus objetivos.

Esta categoría de inspección sirve para verificar un conjunto amplio de propiedades de la arquitectura y hace uso de múltiples representaciones del diseño, tanto en lenguajes formales, como informales. Por ser un proceso esencialmente manual, es un tipo de análisis más caro que los otros, pero posibilita también la inspección en búsqueda de calidades menos formales del software, por ejemplo la escalabilidad, sostenibilidad u operabilidad. Otra ventaja de este tipo de análisis es la de permitir el uso de representaciones informales o parciales del diseño de la arquitectura, además de posibilitar el análisis considerando múltiples objetivos de múltiples implicados.

Como ejemplos de análisis basados en inspecciones, podemos citar algunos métodos de evaluación de arquitectura creados por el Software Engineering Institute, de la Carnegie Melon University: el Software Architecture Analysis Method (SAAM), el Architectural Trade-Off Analysis Method (ATAN) y el método Active Reviews for Intermediate Designs (ARID).

**Análisis basado en modelos**

Análisis basados en modelos son menos costosos que los basados en inspecciones y muestran mayor nivel de automación. Este tipo de análisis utiliza herramientas que manipulan representaciones de la arquitectura con el objetivo de encontrar algunas de sus propiedades. Para posibilitar la manipulación, las representaciones deben ser escritas en lenguajes formales o semiformales como ADLs (architecture description languages o lenguajes de descripción de arquitectura), como por ejemplo, ACME, SADL y Rapide, máquinas de estado finito o UML.

Esta categoría de inspección es utilizada en la búsqueda de propiedades formales de la arquitectura, como corrección sintáctica o ausencia de deadlocks y, a pesar de su alto grado de automatización, puede necesitar que el arquitecto guíe la herramienta de inspección utilizada considerando los resultados parciales. Una desventaja de esta categoría es su rendimiento en el análisis de grandes sistemas. Una vez que las representaciones de la arquitectura pueden llevar a la explosión de estados, el análisis de todo el espacio de estados del sistema puede ser inviable. Por lo tanto, es común que sólo partes de la arquitectura sean analizadas – de preferencia las partes más críticas.

Como ejemplos de análisis basados en modelos, podemos citar el uso del lenguaje Wright para la verificación de ausencia de deadlocks y el uso del lenguaje de modelaje MetaH para análisis de propiedades confiabilidad y seguridad (safety).

## Análisis basado en simulaciones

Análisis basados en simulaciones utilizan modelos ejecutables de la arquitectura para extraer características del software o de partes de él. Así como el análisis basado en modelos, ese tipo de análisis también utiliza herramientas que automatizan el proceso, haciéndolo más barato. Sin embargo, este tipo de análisis produce resultados limitados a las propiedades dinámicas del software y están sujetas a imprecisiones de los modelos de ejecución.

Para posibilitar la ejecución, las representaciones utilizadas deben ser formales, lo que disminuye su aplicación en la industria, pero proporciona resultados más precisos en relación a calidades estructurales, comportamentales y de interacción entre las partes del software, como por ejemplo calidades de rendimiento y confiabilidad.

Como ejemplos de análisis basados en simulaciones, podemos citar el uso de simulación de eventos discretos para análisis de rendimiento o el uso de la herramienta XTEAM, que utiliza ADLs y procesos de estado finito para diferentes tipos de análisis arquitecturales.

# Herramienta de Rastreabilidad

Por último, la documentación permite la rastreabilidad entre los requisitos y los elementos de la arquitectura e implementación que satisfacen esos requisitos. Al documentar las decisiones arquitecturales, registramos (1) sus objetivos, que normalmente son calidades a ser alcanzadas por el software, y (2) como esos objetivos son alcanzados, por medio de la descripción de los elementos que componen el sistema y sus relaciones y reglas de diseño que deben ser respetadas durante la implementación. Este registro sirve de puente entre dos extremos del proceso de desarrollo: los requisitos y la implementación, y así permite la navegación entre puntos relacionados, sean ellos requisitos, decisiones de diseño o partes de la implementación.

La rastreabilidad nos permite analizar cuál es el impacto de una decisión de diseño, tanto en términos de a qué requisitos afecta, como que elementos de software dicta la existencia o, en caso de mantenimiento, que elementos son o deben ser afectados por cambios en los requisitos o en las decisiones. El ejemplo que se incluye a continuación muestra aspectos de rastreabilidad en la documentación de la arquitectura del Videoclub.

**EJEMPLO:** Si observáramos la arquitectura del Videoclub y buscáramos por las decisiones responsables de facilitar el mantenimiento del sistema, encontraremos entre ellas la decisión de división del sistema en capas. Esa decisión sugiere una división del sistema en capas lógicas, pero también influye en la división en paquetes, servicios o mismo procesos. Así, la satisfacción del requisito de sostenibilidad está directamente conectada a la correcta división de las partes del sistema en presentación, lógica de negocio y bases de datos.

De la misma manera, si partiéramos de las partes que forman las capas de presentación, lógica de negocio y bases de datos, observaremos que ellas están conectadas a la división del sistema (y a la decisión arquitectural) que se propone atender a requisitos de sostenibilidad.

# DECISIONES ARQUITECTURALES

En capítulos anteriores, definimos la arquitectura de software usando el estándar ISO/IEEE 1471-2000, que dice que es la organización fundamental de un sistema, representada por sus componentes, sus relaciones con el entorno y por los principios que conducen su diseño y evolución. Después de la definición, mencionamos también que la arquitectura está compuesta de diversas decisiones de diseño (según el caso, diseño de alto-nivel o arquitectural) y que cada decisión contiene, al menos nivel conceptual, una descripción, objetivos y algún argumento o motivación. Como la arquitectura está formada por decisiones arquitecturales, debemos conocer los tipos de decisiones arquitecturales para que entonces seamos capaces de documentar la arquitectura.

Una decisión arquitectural, como también ya hemos definido anteriormente, es una elección entre las alternativas de diseño arquitectural, que se propone a alcanzar uno o más atributos de calidad del sistema, por medio de estructuras o reglas que ella envuelve o define. En otras palabras, podemos decir que una decisión arquitectural describe parte del diseño, donde esa descripción puede: (1) dictar la existencia o inexistencia de partes del sistema, (2) especificar propiedades que, durante la construcción, las partes del sistema deben satisfacer, o (3) citar técnicas que deben ser seguidas durante la construcción de partes del sistema. Podemos entonces dividir las decisiones arquitecturales en:

- Decisiones arquitecturales existenciales (y no-existenciales);

- Decisiones arquitecturales de propiedades; y

- Decisiones arquitecturales ejecutivas.

## *Decisiones existenciales*

Una decisión existencial es aquella que indica la presencia de uno o varios elementos arquitecturales en el diseño y en la implementación.

Los elementos arquitecturales ya fueron presentados anteriormente, pero vamos a recordarlos aquí. Estos elementos son las partes en que el software es dividido y pueden ser clasificados en dos tipos: elementos arquitecturales estáticos y elementos arquitecturales dinámicos. Los elementos estáticos describen la estructura del sistema en tiempo de diseño y son constituidos de elementos de software (por ejemplo, clases, paquetes, procedimientos, servicios remotos), elementos de datos (por ejemplo, entidades y tablas de bases de datos, archivos o clases de datos), y elementos de hardware (por ejemplo, servidores en que el sistema va a ejecutar o almacenar datos). Por su parte, los elementos dinámicos describen el comportamiento del sistema en tiempo de ejecución y entre ellos podemos incluir procesos, módulos, protocolos o clases que realizan comportamientos. Note que las relaciones entre los elementos arquitecturales, tanto estáticos como dinámicos, son representadas también como elementos arquitecturales. Estos elementos son llamados conectores y pueden ser asociaciones, composiciones y generalizaciones, entre otros.

En el ejemplo que se muestra a continuación, observamos una decisión arquitectural que también dicta la presencia de elementos en la arquitectura del Videoclub, esta dicta elementos comportamentales esperados en él. Así, podemos encontrar decisiones existenciales que sean decisiones estructurales o comportamentales. Las decisiones comportamentales están más relacionadas con la implementación de los requisitos de calidad.

**EJEMPLO**: *[Decisión Arquitectural 005]* Los datos del alta de Usuarios y del alta de Películas deben ser particionados horizontalmente.

*Objetivo*: Distribuir carga, mejorar el rendimiento y aumentar el número de puntos de fallos.

*Motivación*: Al dividir horizontalmente los datos, se permite la distribución de la carga de peticiones entre varios servidores de almacenamiento, que estarán ejecutando instancias del SGBDR. Con menor carga, el rendimiento puede ser mejorado. Además de eso, si una partición quede inaccesible (por fallo, por ejemplo), parte de los datos aún estarán accesibles, no haciendo inviable el sistema por completo.

En la práctica, es importante que observemos que la división entre decisiones estructurales y comportamentales no es absoluta. Podemos encontrar decisiones que, para describir un comportamiento, necesiten de nuevas estructuras arquitecturales. Así, por conveniencia, es mejor describir estas nuevas estructuras en la propia decisión comportamental que documentar una nueva decisión estructural. Podemos observar este caso en el ejemplo anterior, donde describimos las particiones del conjunto de datos para entonces describir el comportamiento de particionamiento de los datos y así conseguir algún nivel de escalabilidad horizontal.

Por otro lado, hay decisiones que prohíben la existencia de elementos arquitecturales. Esas decisiones son llamadas decisiones no-existenciales y ellas sirven para restringir las alternativas de diseño de bajo nivel. Algunos estándares arquitecturales, como 3- tier o el estándar Capas, prohíben la comunicación entre algunos de los elementos que ellos describen, constituyendo decisiones no-existenciales.

## *Decisiones de propiedades*

Las Decisiones de propiedades no determinan la existencia de partes del software, sino que presentan alguna calidad o característica que una o más partes deben poseer. El papel de este tipo de decisión es la de guiar el diseño de bajo nivel, en cuanto a implementación, una vez que describe los principios y reglas o restricciones de diseño que deben ser respetadas a lo largo del desarrollo.

Los ejemplos más comunes de decisiones de propiedades son las decisiones sobre preocupaciones transversales al software, como por ejemplo, decisiones de loging, decisiones de tolerancia a fallos o incluso decisiones sobre la precisión en la obtención de los resultados. Podemos observar una ilustración más completa de este tipo de decisión en los ejemplos que se indican a continuación. Note que, en ambos ejemplos, las decisiones no describen la existencia de elementos que deben estar en la arquitectura, sino que describen las propiedades de elementos arquitecturales que fueron descritos en otras decisiones.

**EJEMPLO**: *[Decisión Arquitectural 008]* Los métodos públicos de cada servicio que implementan los módulos descritos en la *[Decisión Arquitectural 001]* deben seguir las siguientes reglas de loging:

• Se debe registrar todos los parámetros de las llamadas en nivel de DEBUG. Este modo debe poder ser conectado o desconectado en tiempo de ejecución.

• Todas las excepciones lanzadas deben ser logadas en nivel de ERROR y registrar los parámetros usados durante la ejecución.

• Los tiempos de ejecución de cada llamada al método deben ser registrados, para posibilitar la monitorización de rendimiento del sistema. El canal de loging utilizado en este caso debe ser especializado para la recogida de métricas de rendimiento.

*Objetivo*: Estas reglas facilitan la operabilidad del sistema. *Motivación*: El registro de los acontecimientos inesperados en el sistema facilita el diagnóstico de los problemas y la posibilidad de aumentar el nivel de detalle de los registros en tiempo de ejecución permite que ese diagnóstico sea más rápido. Por otro lado, el registro de métricas de rendimiento del sistema permite el análisis de capacidad, pudiendo indicar si el sistema está necesitando más recursos computacionales.

**EJEMPLO**: *[Decisión Arquitectural 010]* Los servicios que implementan los módulos descritos en la *[Decisión Arquitectural 001]* deben ser replicados, evitando así puntos únicos de fallo. Para facilitar la replicación, los módulos no deben mantener estado, delegando esta responsabilidad a los servicios de almacenamiento.

*Objetivo*: Replicando instancias de servicios, se eliminan los puntos únicos de fallo, aumentando la confiabilidad del sistema y la tolerancia a fallos.

*Motivación*: Implementando servicios stateless, la replicación es sencilla, una vez que la petición puede usar cualquiera de las réplicas activas. Note que es siempre necesario el registro en el balanceador de carga de una nueva réplica en ejecución. Los servicios de almacenamiento no pueden utilizar esta técnica sin adaptaciones, ya que los datos son fundamentalmente stateful.

## *Decisiones ejecutivas*

La última clase de decisiones arquitecturales que presentamos es la ejecutiva. Este tipo de decisión está más relacionada con el proceso de desarrollo que a los elementos de diseño. Entre las decisiones ejecutivas, podemos encontrar decisiones que describen: la metodología utilizada durante desarrollo, como el equipo está dividido durante la implementación del sistema, como el entrenamiento de nuevos miembros debe llevarse a cabo, o que tecnologías y herramientas deben ser adoptadas para auxiliar el proceso. Los ejemplos de a continuación muestran algunas decisiones ejecutivas.

**EJEMPLO**: En este ejemplo, presentamos una decisión hipotética del software Vuze.

*(Decisión Arquitectural 001)*. El software será escrito usando el lenguaje de programación Java.

*Objetivo*: Permitir la portabilidad a varios sistemas operativos.

*Motivación*: Como uno de los objetivos del Vuze es alcanzar el mayor número de usuarios posible, no queremos imponer la barrera de instalación en uno u otro sistema operativo específico. Ya que programas escritos en Java pueden ejecutarse en cualquier sistema operativo que sea capaz de ejecutar la Máquina Virtual Java (JVM) y que la mayoría de los sistemas para usuarios finales ya disponen de la JVM, este lenguaje debe ser usado para ahorrar el trabajo de portar el Vuze a diferentes sistemas.

**EJEMPLO**: *[Decisión Arquitectural 011]* El equipo de desarrollo será dividido en equipos más pequeños y cada equipo será responsable de la implementación del servicio responsable de las funcionalidades de módulo descrito en la *[Decisión Arquitectural 001]*.

*Objetivo*: Minimizar el tiempo de desarrollo.

*Motivación*: La posibilidad de paralelizar el desarrollo puede disminuir el tiempo total de construcción del software. Sin embargo, se deben respetar las decisiones arquitecturales que definen las interfaces entre los módulos, para que su integración sea facilitada.

## *Atributos de las decisiones arquitecturales*

En el capítulo de fundamentos de arquitectura, mostramos que las decisiones arquitecturales deben poseer una descripción, objetivos y alguna fundamentación. Estos atributos se hacen esenciales en el proceso de diseño de las decisiones, pues representan, respectivamente, lo que debe ser hecho, para que debe ser hecho y la justificación de la solución. Sin embargo, hay otros atributos que son especialmente útiles cuando necesitamos documentar las decisiones arquitecturales. Son ellos el alcance, el histórico, el estado actual y las categorías de la decisión arquitectural.

Entre las ventajas que ellos proporcionan, podemos decir que esos atributos facilitan el mantenimiento de un registro histórico de las decisiones y la rastreabilidad entre requisitos y elementos del software. A continuación, mostramos cada atributo de una decisión arquitectural separadamente:

## Descripción

El atributo de descripción, como ya mencionamos en el capítulo de fundamentos, es simplemente la descripción de la decisión, que muestra lo que fue decidido en la arquitectura. En la descripción, podemos encontrar (1) que elementos arquitecturales deben estar presentes, si es una decisión existencial; (2) que propiedades deben manifestarse en los elementos o que reglas o principios de diseño deben ser seguidos, si es una decisión de propiedad; o (3) que metodología debe ser seguida, como el equipo debe ser dividido para la implementación de los módulos o que herramienta debe ser utilizada para la integración, si es una decisión ejecutiva.

La descripción puede ser representada usando diversos lenguajes, pudiendo ser textuales o gráficas y formales o informales. La elección del lenguaje que será utilizada en la descripción depende de los objetivos de la decisión y de los implicados interesados. Si, entre sus objetivos, queremos que la decisión permita también la generación automática de parte de la implementación, análisis basado en modelos o simulaciones, o verificación de conformidad, la descripción debe utilizar lenguajes formales o semiformales que facilitan estas actividades. Por otro lado, si esperamos que la decisión sólo informe de que elementos deben estar en la arquitectura y sus características, pero no esperamos generación, análisis o verificación automáticas, lenguajes semiformales o incluso informales pueden ser utilizados, como el lenguaje propio o diagramas de "cajas y flechas", mientras que la ambigüedad sea evitada por medio de leyendas o explicaciones más detalladas.

Cabe observar que tanto la utilización de lenguajes formales, como la utilización de lenguajes informales en la descripción proporcionan ventajas y desventajas que deben ser consideradas durante el proceso de documentación. Al utilizar lenguajes formales, permitimos la automatización de procesos, que pueden ahorrar bastante trabajo durante el desarrollo. Por otro lado, no todos los implicados las entienden perfectamente, pudiendo restringir así la comprensión de la decisión.

Los lenguajes informales, por su parte, tienen como ventaja la mayor facilidad de comprensión por parte de los afectados (inclusive no-técnicos, como gerentes, clientes y hasta usuarios). Sin embargo, la comprensión sólo es facilitada si la descripción evita ambigüedades, que son comunes en lenguajes informales.

Una forma de conseguir más ventajas en las decisiones sería utilizar tanto lenguajes formales como informales en las descripciones de las decisiones. Nada impide que eso sea hecho, obteniendo así precisión en la descripción, posibilidad de actividades automatizadas, y comprensión por parte de los implicados técnicos y no-técnicos. El problema reside sólo en la gran cantidad de trabajo empleado al describir cada decisión con dos o más lenguajes y, encima, tener que mantener la consistencia de la descripción entre ellas.

A continuación, mostramos la descripción de la decisión arquitectural ya presentada anteriormente en el capítulo de fundamentos usando lenguajes diferentes. El primer ejemplo muestra la decisión escrita en castellano.

**EJEMPLO**: *[Decisión Arquitectural 001]* La arquitectura del Videoclub está dividida en tres capas lógicas: presentación, lógica de negocio y bases de datos de datos. La capa de presentación se comunica sólo con la lógica de negocio y sólo la lógica de negocio se comunica con la capa de bases de datos de datos.

El siguiente ejemplo muestra la descripción usando también un código que puede ser interpretado por la herramienta DesignWizard y que permite la verificación automática de conformidad del código implementado con la arquitectura.

**EJEMPLO**: *[Decisión Arquitectural 001]* La arquitectura del Videoclub está dividida en tres capas lógicas: presentación, lógica de negocio y bases de datos de datos, que serán mapeadas respectivamente para los paquetes: con.Videoclub.webui, con.Videoclub.service, con.Videoclub.storage. Las pruebas presentes en el listado que se muestra a continuación, que pueden ser ejecutados usando DesignWizard, describen las reglas de comunicación entre las capas.

```
public class ThreeTierDiseñoTest extends TestCase {
public void test_communication_web_ui_and_services() {
String VideoclubClassesDir =
System.getProperties("Videoclub.clases.directory");
```

```
DesignWizard dw = new DesignWizard(VideoclubClassesDir);
PackageNode services =
dw.getPackage("con.Videoclub.service");
PackageNode webUI = dw.getPackage("con.Videoclub.webui");
Set callers =
services.getCallerPackages();
for (PackageNode caller : callers) {
assertTrue(caller.equals(webUI));
}
}

public void test_communication_services_and_storage() {
String VideoclubClassesDir =
System.getProperties("Videoclub.clases.directory");
DesignWizard dw = new DesignWizard(VideoclubClassesDir);
PackageNode services =
dw.getPackage("con.Videoclub.service");
PackageNode storage =
dw.getPackage("con.Videoclub.storage");
Set callers =
storage.getCallerPackages();
for (PackageNode caller : callers) {
assertTrue(caller.equals(services));
}
}

}
```

Pruebas para comunicación entre tiers.

### Objetivo

El objetivo de la decisión sirve para registrar el motivo de la decisión estar siendo tomada. Como las decisiones de diseño son conducidas por requisitos, sean ellos funcionales o de calidad, la identificación de los requisitos debe estar presente en este atributo. Los objetivos de las decisiones arquitecturales ayudan en la rastreabilidad de la arquitectura.

En el siguiente ejemplo, percibimos dos formas de mencionar los requisitos implementados por la decisión. La primera forma es presenciar el identificador del requisito de calidad. La otra forma es una breve descripción del requisito alcanzado.

**EJEMPLO**: *(continuación de la [Decisión Arquitectural 001])* *Objetivo*: Atención al requisito no-funcional. Esta división disminuye el acoplamiento entre los elementos internos de la arquitectura, facilitando el desarrollo y el mantenimiento.

### Fundamentación

Una decisión arquitectural debe ser tomada con alguna fundamentación, sea ella un análisis de las alternativas de diseño, basada en la experiencia previa del arquitecto, o basada en estándares de diseño. Esta fundamentación resulta en el juicio de las ventajas y desventajas de las alternativas y sirven para justificar la solución propuesta.

En el atributo fundamentación, registramos la justificación de la decisión para que haya un registro histórico de las motivaciones y consideraciones hechas por el arquitecto para llegar a la solución de diseño. Este registro es esencial para que este tipo de información no sea olvidada a lo largo del ciclo de vida del software, pues es importante para su proceso de evolución.

Por ejemplo, durante una actividad de refactorización del código, un nuevo desarrollador puede interesarse por el motivo de un módulo haber sido creado aparentemente de forma innecesaria. Si no existe algún tipo de registro del motivo para la existencia del módulo en cuestión, el nuevo desarrollador puede, simplemente, modificarlo o mismo eliminarlo ignorando los efectos que puede causar en el diseño.

La fundamentación es normalmente hecha por medio de una descripción textual, pero debe poseer referencias a otros documentos y a otras decisiones arquitecturales relacionadas. El ejemplo que se muestra a continuación ilustra la fundamentación de una decisión arquitectural.

**EJEMPLO**: *(continuación de la [Decisión Arquitectural 001]) Motivación*: Proyectar los elementos internos del sistema de modo que cada uno pertenezca a sólo una capa lógica lo que ayuda a aumentar la cohesión y disminuir el acoplamiento. La cohesión aumenta, pues cada elemento será desarrollado con el objetivo de ser parte de la presentación, de la lógica o de la base de datos del sistema. De esa manera, cada elemento tendrá su responsabilidad bien definida, aunque en alto nivel. Como la comunicación entre las capas es pre-definida, la de sus elementos también lo es: elementos de la capa de presentación no se comunicarán con elementos de la capa de bases de datos, por ejemplo. Así, el acoplamiento entre elementos internos será análogo al acoplamiento entre capas. Con el bajo acoplamiento, el desarrollo y el mantenimiento de los elementos también es facilitado, sea por posibilitar el desarrollo independiente, sea porque los cambios en un elemento tengan menor impacto en los otros.

Es importante observar que una decisión arquitectural puede estar relacionada con más de un atributo de calidad y, como veremos a continuación, con más de una categoría. Eso ocurre porque decisiones arquitecturales se interrelacionan de la misma forma que los atributos de calidad y los requisitos impuestos por los implicados. Por lo tanto, en la fundamentación debemos también describir las relaciones entre las decisiones arquitecturales, o sea, si una decisión restringe, prohíbe, posibilita, entra en conflicto, compone o es compuesta de, depende de, o es una alternativa a otras decisiones.

## Alcance

No todas las decisiones arquitecturales son válidas durante todo el ciclo de vida del software o válidas en todos los módulos que lo componen. Por eso, surge la necesidad de registrar el alcance de la decisión. Este tipo de registro se hace importante en decisiones de propiedades, una vez que normalmente tratan de preocupaciones transversales y que comprenden grandes partes del sistema, y en decisiones ejecutivas, que deben, por ejemplo, especificar que etapas del proceso de desarrollo deben usar tales metodologías.

El siguiente ejemplo, describe el alcance de la Decisión Arquitectural 001. En el segundo ejemplo, podemos observar que el alcance de la decisión de usar JMX (Java Management Extensions) como tecnología de monitorización es más limitado.

**EJEMPLO**: *(continuación de la [Decisión Arquitectural 001])* *Alcance*: Esta decisión es válida para todos los servicios que implementan lógica y que tienen interfaz con el usuario.

**EJEMPLO**: Alcance: La decisión de usar JMX para la exposición de las métricas de rendimiento sólo es válida para los casos definidos en la *[Decisión Arquitectural 008]*.

## Histórico

La documentación de la arquitectura, así como lo que ella representa, evoluciona a lo largo del tiempo. Las decisiones son tomadas, evaluadas, modificadas o incluso contestadas a lo largo del ciclo de vida de la arquitectura. Por lo tanto, es de esperar que exista un registro histórico de la evolución de cada decisión arquitectural. Por eso consideramos el atributo histórico.

El atributo histórico debe contener, para cada modificación de la decisión, una marca de tiempo, el autor de la modificación y un resumen de la modificación. Si el documento está almacenado en un Wiki u otra forma electrónica, el histórico puede contener links a versiones anteriores de la decisión.

El siguiente ejemplo ilustra el registro histórico de la Decisión Arquitectural 001.

**EJEMPLO**: *(continuación de la [Decisión Arquitectural 001])* Histórico: sugerida (G.M., 2009/07/15); revisada, "Alcance modificado." (G.M., 2009/07/17); aprobada (J.A., 2009/07/18).

### Estado Actual

El atributo estado actual de una decisión sirve para permitir más de una dimensión de organización de las decisiones. De la misma forma que las decisiones evolucionan a lo largo del tiempo, ellas pueden tener diversos estados que merecen ser registrados. Como el conjunto de estados que pueden ser atribuidos a una decisión arquitectural depende del proceso de desarrollo adoptado, citamos sólo algunos estados más comunes:

• Sugerida: decisión que aún no fue evaluada;

• Revisada: decisión sugerida y revisada por el arquitecto o equipo arquitectural;

• Aprobada: decisión sugerida, revisada y aprobada;

• Rechazada: decisión sugerida, revisada y rechazada. Ella debe mantenerse en la documentación para referencias futuras.

**Categoría**

Así como el estado actual, el atributo categoría sirve para permitir la organización de las decisiones arquitecturales en grupos relacionados. Normalmente, ese atributo está compuesto por una lista de palabras-clave asociadas a las decisiones.

Ese atributo permite, por ejemplo, que los implicados seleccionen decisiones relacionadas a un atributo de calidad específico. Por lo tanto, si un miembro del grupo de garantía de calidad del software (Software Quality Assurance o SQA) precisa de las decisiones arquitecturales necesarias para realizar un análisis de rendimiento del proyecto del software, él debe buscar por las decisiones de la categoría "rendimiento".

# VISIONES ARQUITECTURALES

Como consecuencia de la existencia de los diversos interesados en la arquitectura y que esos interesados tienen diferentes preocupaciones y diferentes niveles de conocimiento, las decisiones arquitecturales no son documentadas de la misma manera para interesados diferentes. Para resolver este problema, hacemos uso del concepto de múltiples visiones arquitecturales.

Las visiones arquitecturales son representaciones del sistema o de parte de él desde la perspectiva de un conjunto de intereses relacionados. Las visiones arquitecturales proporcionan ventajas tanto para el proceso de diseño como para la documentación de la arquitectura.

Durante el diseño, el arquitecto puede realizar diferentes visiones separadamente, pudiendo abstraer los detalles innecesarios y sólo atenerse a las preocupaciones de la visión corriente. Por ejemplo, inicialmente, el arquitecto puede utilizar una visión funcional para proyectar los servicios primitivos del sistema que constituirán servicios más complejos y que, por su parte, servirán de base para las funcionalidades expuestas a los usuarios. Seguidamente, el arquitecto puede utilizar una visión de competencia para proyectar como las funciones serán ejecutadas a lo largo del tiempo: de forma secuencial o en paralelo, de forma síncrona o asíncrona. Y, por fin, centrándose en una visión informacional, él puede definir como los datos están organizados.

Por otro lado, durante el proceso de documentación, el arquitecto puede documentar las visiones con diferentes niveles de detalles y utilizar diferentes lenguajes, ya que diferentes visiones interesan a diferentes partes.

Las visiones son concretizaciones de lo que llamamos puntos de vista arquitecturales. Un punto de vista arquitectural es la especificación de los elementos conceptuales que deben ser usados para construirse una visión. Un punto de vista presenta también cuál es su propósito y quienes son los implicados interesados en las visiones creadas a partir de él. En otras palabras, un punto de vista arquitectural es definido como:

*Es un esquema conceptual que define elementos, conexiones y técnicas que componen una visión arquitectural, además de especificar su propósito de acuerdo con sus interesados.*

Para documentar la arquitectura, debemos definir un conjunto de puntos de vista que servirán de base para las visiones de la arquitectura y que estarán presentes en el documento. Cada visión tendrá una o más decisiones arquitecturales, que serán descritas a partir de los elementos, conexiones y técnicas definidos por el punto de vista al que pertenece.

Como ya existen diversos conjuntos de puntos de vista listos para su uso, no hay motivo para crear nuestro propio conjunto. Por lo tanto, a continuación, presentamos algunos conjuntos los cuales hallamos esenciales de ser conocidos. Son los siguientes:

• 4+1 de Kruchten;

• Puntos de vista de Rozanski y Woods.

• Puntos de vista del Software Engineering Institute;

## *4+1 DE KRUCHTEN*

El conjunto de puntos de vista 4+1 de Kruchten fue descrito inicialmente en el artículo The 4+1 View Model of Architecture y es uno de los primeros en ser descritos. Inicialmente, los puntos de vista son llamados por el autor visiones. Sin embargo, si analizáramos la definición y el uso de las visiones empleados por el autor, percibimos que son compatibles con nuestras definiciones y usos de los puntos de vista.

El conjunto está compuesto por cuatro puntos de vista, siendo cada uno especializado en un aspecto de la arquitectura, y un punto de vista redundante, que contiene escenarios de uso. Los puntos de vista más relevantes de ese conjunto son: Lógico, de Procesos, de Desarrollo y Físico. Como el conjunto de Rozanski y Woods es una evolución del 4+1, al describirlo en la sección a continuación, presentaremos mejor los puntos de vista de Kruchten.

## *VIEWPOINTS DE ROZANSKI Y WOODS*

Otro conjunto importante de puntos de vista es el descrito por Rozanski y Woods en el libro Software Systems Architecture: Working With Stakeholders Using Viewpoints and Perspectives. Él es una evolución del conjunto 4+1, pues añade dos nuevos puntos de vista al conjunto de Kruchten, y proporciona más informaciones que ayudan en el diseño de la documentación.

Los puntos de vista presentes en este conjunto son:

* Funcional: representa el aspecto funcional del software

descrito. Visiones derivadas de este punto de vista contienen decisiones sobre las funciones presentes en el software y los módulos y submódulos que implementan esas funciones. Este punto de vista está especializado en mostrar la estructura estática del software, mostrando sus partes, sus relaciones y sus interfaces. Su equivalente en el conjunto de Kruchten es el punto de vista Lógico.

• De Competencia: representa los aspectos dinámicos y comportamentales del software. Visiones derivadas de este punto de vista contienen decisiones sobre competencia, sincronía o asincronía de llamadas y aspectos temporales en general del software y de sus funciones. Su equivalente en el conjunto de Kruchten es el punto de vista de Proceso.

• De Desarrollo: representa los aspectos y relaciones entre los implicados y el proceso de desarrollo del software. Visiones derivadas de este punto de vista contienen decisiones de divisiones de módulos, subsistemas, paquetes y clases y decisiones sobre la atribución de tareas de construcción, prueba y reuso de partes del sistema a los participantes del equipo de desarrollo. Su equivalente en el conjunto de Kruchten es homónimo.

• De Implantación: representa los aspectos de implantación del software y sus relaciones con el entorno físico. Visiones derivadas de este punto de vista contienen decisiones de cuántos servidores serán necesarios para ejecución de un servicio o como los diferentes servicios son implantados o actualizados durante el ciclo de vida del software. Su equivalente en el conjunto 4+1 es el punto de vista Físico.

• Informacional: representa los aspectos relacionados con los datos presentes en el software. Visiones derivadas de este punto de vista contienen decisiones sobre el modelo de datos y sobre el almacenamiento, manipulación, gestión y distribución de las informaciones a lo largo de la vida del sistema en producción.

• Operacional: representa los aspectos operacionales del software. O sea, visiones derivadas de este punto de vista contienen decisiones con estrategias de ejecución, administración y soporte del software en producción.

## VIEWTYPES DEL SOFTWARE ENGINEERING INSTITUTE (SEI)

El último conjunto de puntos de vista que presentamos es el descrito por Clements et al en el libro Documenting Software Architectures: Views and Beyond. Este conjunto fue creado con el objetivo de facilitar la documentación, al contrario de la mayoría descrita en la literatura, que tienen su objetivo en el auxilio del proyecto de la arquitectura.

El conjunto del SEI posee sólo tres puntos de vista, que deben ser especializados por medio de los llamados estilos arquitecturales.

Los puntos de vista de este conjunto son:

• De Componentes y Conectores: este punto de vista se ocupa de describir los aspectos dinámicos y de comportamiento e interacciones entre los elementos de la arquitectura. Es en él en que encontramos los estilos arquitecturales: Pipes-and-filters, Publish-Subscribe, Cliente-Servidor, Peer-to-Peer y otros.

• De Módulos: este punto de vista se ocupa de describir la estructura estática de la arquitectura y en cómo ella se divide en unidades de código. El estilo arquitectural de Capas es una especialización de ese punto de vista.

• De Alocación: este punto de vista se preocupa en describir las relaciones entre el software y su entorno. El punto de vista de Alocación se especializa en tres aspectos diferentes: aspectos de implantación, que describe las relaciones entre las partes del software y los recursos físicos utilizados (como servidores o routers); aspectos de implementación, que describen el mapeamiento de las partes del software y las partes del código (como paquetes, clases o estructura de directorios); y aspectos de atribución de trabajo, relacionados con la distribución de responsabilidades del proyecto entre los miembros del equipo de desarrollo.

## *DOCUMENTANDO LA ARQUITECTURA*

A partir de los conceptos de decisiones, visiones y puntos de vista arquitecturales, estamos capacitados para registrar el diseño de la arquitectura en un documento. El primer paso para ser capaces de escribir un buen documento arquitectural es conocer a los interesados en la arquitectura. Ese conocimiento es un parámetro fundamental para el proceso de elección de los puntos de vista a ser usados. Tras definir los puntos de vista relevantes para las partes interesadas de la arquitectura, debemos entonces registrar las decisiones arquitecturales que describen el diseño en visiones derivadas a partir de los puntos de vista escogidos.

Debemos observar que los procesos de definición de los implicados, de elección de los puntos de vista arquitecturales y de descripción de las decisiones en visiones son dependientes del proceso de desarrollo seguido por el equipo de desarrollo.

Además de eso, a pesar de describir separadamente el proceso de documentación del proceso de diseño, es posible (y bastante común) que ocurran en paralelo, debido a que la documentación y el diseño se ayudan mutuamente para alcanzar sus objetivos.

## DIFICULTADES DE LA DOCUMENTACIÓN

A pesar de los beneficios proporcionados por la documentación de la arquitectura, documentarla no es fácil. La dificultad de documentar la arquitectura reside, principalmente, en tres características que describimos a continuación:

• el documento refleja el tamaño de la solución;

• el documento refleja la complejidad del diseño de la solución;

• es costoso mantener el documento consistente con el diseño actual a lo largo del ciclo de vida del software.

### El tamaño del documento

Proyectos de grandes sistemas de software son los que más se benefician con el diseño y con la documentación de la arquitectura. Esto ocurre porque el diseño y la documentación proporcionan orientación en la implementación de los requisitos de calidad, ayuda en el control intelectual sobre la complejidad de la solución y sirven de herramienta que promueve la integridad conceptual entre los implicados.

Sin embargo, un gran sistema de software implica una gran solución de diseño, que debe contener muchas decisiones arquitecturales y que deben ser presentadas a muchos interesados, que demandan visiones diferentes. La consecuencia de eso es que la arquitectura de un gran sistema deberá ser presentada en un documento extenso. Los documentos muy extensos pueden ser fuente de algunos problemas durante el proceso de desarrollo. Entre estos problemas, podemos citar que suponen mucho tiempo para ser construidos y que, en general, generan una correcta resistencia a ser leídos o actualizados durante el desarrollo. Si el documento no es leído o no es actualizado durante el desarrollo (y eso puede ocurrir porque la arquitectura puede evolucionar a lo largo del tiempo, sea la evolución planeada o no), se corre el riesgo de quedar inconsistente con la realidad del software, haciéndose una fuente de información inútil y, por lo tanto, dejando de proporcionar las ventajas de proyectar y documentar la arquitectura.

## La complejidad del documento

El tamaño del documento en cuanto a complejidad del diseño influye en la complejidad del documento de la arquitectura. Un documento muy complejo, que usa muchas visiones y diferentes lenguajes para describir diferentes aspectos del software, es difícil de construir y de mantenerse consistente en caso de cambios durante la evolución de la arquitectura.

Como ya mencionamos anteriormente, existen técnicas de verificación de conformidad entre el documento de arquitectura y el software implementado a partir de él, que pueden ayudar en el mantenimiento de la consistencia del documento con la realidad.

Sin embargo, debemos recordar que está también el esfuerzo de mantener las diferentes visiones arquitecturales consistentes entre sí. Eso puede ser facilitado si usamos algunos lenguajes específicos y herramientas para describir las decisiones arquitecturales, como la herramienta SAVE ( Software Architecture Visualization and Evaluation (SAVE)). Por otro lado, estos lenguajes no son capaces de describir todos los tipos necesarios de decisiones arquitecturales y eso limita el proceso de automatización en el mantenimiento de la consistencia entre visiones, haciéndolo costoso.

## Consistencia entre el diseño actual y el documento

La consistencia entre la implementación y el documento es condición fundamental para que el proceso de desarrollo se beneficie de la arquitectura. Por eso, debe existir un esfuerzo para el mantenimiento de esta consistencia, tanto durante la evolución de la arquitectura, como durante la implementación del software. Si el mantenimiento de la consistencia no es realizado, tenemos el llamado "deslice arquitectural" (architectural drift).

El deslice arquitectural es la inconsistencia entre implementación del software y el diseño planeado. Esta inconsistencia tiene dos efectos. El primero es que si la implementación no está siguiendo lo que fue planeado, ella tampoco puede estar alcanzando los objetivos propuestos. Y el segundo, como fue mencionado anteriormente, es la inconsistencia del documento con la realidad del software, inutilizando el documento, pues lo transforma en una fuente de información inútil. Así, considerando que es costoso el proceso de creación del documento de arquitectura, todo el trabajo realizado por tanto puede haber sido en vano.

Para evitar el deslice arquitectural, se recomienda que sean periódicamente utilizadas durante todo el proceso de desarrollo, técnicas de verificación de conformidad. Esas técnicas, cuando son aplicadas, indican si la implementación está de acuerdo con el diseño. Hay básicamente dos tipos de técnicas de verificación de conformidad: las técnicas manuales, que están basadas en inspecciones del código; y las técnicas automáticas, que sólo pueden ser realizadas si la descripción de la arquitectura utiliza lenguajes que permitan ese tipo de verificación. Así como los tipos de análisis arquitectural, las técnicas de verificación manuales son más costosas, pero tienen un mayor alcance, pudiendo verificar aspectos del software que no son formalizados. Por su parte, las técnicas de verificación automáticas, se benefician del bajo coste, pero están limitadas a los aspectos que pueden ser descritos por los lenguajes formales que utilizan.

## RESUMEN

El objetivo de este libro no es solo hacer que el lector sepa proyectar arquitecturas, sino también que tenga nociones de como documentar el proyecto. De esa manera, el objetivo de este capítulo fue hacer que el lector conozca la importancia y la técnica principal de la documentación de la arquitectura, que es representada por medio de múltiples visiones. Así, esperamos que a partir de ahora el lector sea capaz de entender que:

- El documento de la arquitectura auxilia en el proceso de diseño, es una herramienta de comunicación entre las partes interesadas y puede servir de modelo al análisis del software;

- Toda información presente en una arquitectura es una decisión arquitectural;

- Las decisiones arquitecturales pueden ser existenciales, descriptivas o ejecutivas;

- Las decisiones arquitecturales se relacionan pudiendo restringir, impedir, facilitar, componer, entrar en conflicto, ignorar, depender o ser alternativa de otras decisiones; y

- Un único diagrama no es suficiente para contener la cantidad de información que debe ser mostrada por un arquitecto. Por eso, la necesidad de múltiples visiones arquitecturales.

# Referencia Bibliográfica

Para la realización de este libro se han traducido, interpretado, leído, consultado y contrastado información de las siguientes fuentes de información.

## Libros

- *Artículos de arquitetura del software y design del software de Guilherme Germoglio de la página Web cnx.org.*

- *Lógica de Programación e Ingeniería del Software de Andrés Serbat Ocaña*

- *Curso de Desarrollo Web de Miguel Arias, Ángel Arias y Alicia Durango*

- *Programación e C de Aarón Rojo Bedford*

- *The Pragmatic Programmer: From Journeyman to Master, de Andrew Hunt*

- *Code Complete: A Practical Handbook of Software Construction, Second Edition, de Steve McConnell*

- *Clean Code: A Handbook of Agile Software Craftsmanship, de Robert C. Martin*

- *The Complete Idiot's Guide to Programming Basics, de Clayton Walnum*

- *Programación en C, de Aarón Rojo Bedford*

- *Basic programming, de John G. Kemény y Thomas E. Kurtz*

- *Teach Yourself Programming in Ten Years, de Peter Norvig*

## Páginas Web

http://cnx.org

http://wikipedia.org

http://wikipedia.org

http://revistabw.com.br

http://www.wikibooks.org

http://www.microsoft.com

http://www.programmingbasics.com

# EDITORIAL

**IT Campus Academy** es una gran comunidad de profesionales con amplia experiencia en el sector informático, en sus diversos niveles como programación, redes, consultoría, ingeniería informática, consultoría empresarial, marketing online, redes sociales y más temáticas envueltas en las nuevas tecnologías.

En **IT Campus Academy** los diversos profesionales de esta comunidad publicitan los libros que publican en las diversas áreas sobre la tecnología informática.

**IT Campus Academy** se enorgullece en poder dar a conocer a todos los lectores y estudiantes de informática a nuestros prestigiosos profesionales, como en este caso **Ángel Arias**, experto en Consultoría TIC y Desarrollo de Web con más de 12 años de experiencia, que mediante sus obras literarias, podrán ayudar a nuestros lectores a mejorar profesionalmente en sus respectivas áreas del ámbito informático.

El Objetivo Principal de **IT Campus Academy** es promover el conocimiento entre los profesionales de las nuevas tecnologías al precio más reducido del mercado.

# ACERCA DEL AUTOR

Alicia Durango

En 2010 comienza su experiencia en el mundo de formación, Patricia empieza a escribir libros y a crear cursos online de informática para sus alumnos. Con una amplia experiencia laboral, Patricia González es una profesional con formación en Desarrollo de Aplicaciones Informáticas y Administración de Sistemas Informáticos, con más de 8 años de experiencia en el mundo de la informática, con amplia experiencia en los sectores de formación, publicidad y desarrollo web, llevando a cabo tareas de gestión, diseño gráfico, programación web y Directora de publicidad.

Ángel Arias

Ángel Arias es un consultor informático con más de 12 años de experiencia en sector informático. Con experiencia en trabajos de consultoría, seguridad en sistemas informáticos y en implementación de software empresarial, en grandes empresas nacionales y multinacionales, Ángel se decantó por el ámbito de la formación online, y ahora combina su trabajo como consultor informático, con el papel de profesor online y autor de numerosos cursos online de informática y otras materias.

Ahora Ángel Arias, también comienza su andadura en el mundo de la literatura sobre la temática de la informática, donde, con mucho empeño, tratará de difundir sus conocimientos para que otros profesionales puedan crecer y mejorar profesional y laboralmente.